ひとりから始める

「市民起業家」という生き方

川口和正

同友館

はじめに

「社会起業家」と呼ばれる仕事と働き方が注目されるようになって、一〇年以上が経つ。子育て支援や高齢者介護、貧困問題、国際協力など、今まで行政や企業が十分に担えてこなかった社会的課題を事業として起こし、取り組む人たちを指す。

だが、この本で掲げる「市民起業家」とは、そうした社会起業家だけではない。そもそも「人の仕事」とは、あるいは「人が働くこと」とは、どんなに小さく、ささやかに見えることでも、人の役に立つ営みだと思うからだ。「市民」という言葉を付したわけは、ここにある。

本書では、農家、豆腐屋、大工、ミュージックカフェ店主、川のクルーズの船長など、老舗の生業から新たな仕事を作った人まで、二六組三一人を取り上げた。

ＯＬとして働いていたころ、食の大切さに気づき、東京・新宿の住宅街で八百屋を開いた人もいれば、「地域のコミュニティ」を掲げて、銭湯の再生に挑む人もいる。色鮮やかなアフリカの布に魅せられ、それを洋服に仕立てて販売している人。高齢化が進む農村で、地域で唯一の食料品店を立ち上げた人。ホームレスとの偶然の出会いから、ＮＰＯを作って貧困問題に取り組む人。そして、木のおもちゃなどを扱う自宅ショップを始めた人……。

仕事の中身はもとより、起業したきっかけや経緯も一人ひとり違う。

でも、彼らに共通していることがある。

「手間と時間と知恵をかけて、物を作り、場を開き、人と向き合う」

「人の気持ちや暮らしを大事にして、働く」

「仕事を通して、地域や世界に貢献する」

そして、誰もが「ひとり」から始めた、ということだ。

いま、ここにないのなら、自分で作る。誰もやっていないのなら、自分が始める。そんな志と思いが、やがて人に届き、つながり、道を切り拓いていった。

彼らの仕事と働き方、そして生き方から、大切なことが見えてくる。自身の今の仕事を振り返り、その意味や可能性をとらえ直すこともできるはずだ。

＊各文は、月刊誌『企業診断』の連載「市民起業家という生き方」に掲載したものを加筆修正した「本文」と、その後の取材をもとに執筆した「追記」で構成されている。さらに最近の活動については、巻末の「この本で紹介した人たち」で、それぞれご本人からの近況メッセージを掲載している。

＊文中の年齢やデータなどは取材時のもの。

目次

はじめに　1
プロローグ
農ある暮らしを紡ぐ若き都市農家…風の畑　安田弥生さん　9

第1章　仕事の原点に立つ

「ただの町の豆腐屋」という矜持…元気屋　栗原俊二さん　20
OLから転身し、東京・新宿で八百屋を営む…八百屋　瑞花　矢嶋文子さん　29
日本の伝統構法で木造住宅を建てる…杉原敬さん　37
街角のコミュニティをめざす銭湯…なみのゆ　大小島博さん　51
オーガニックな庭で自然を伝える植木屋
…ひきちガーデンサービス　曳地義治さん・曳地トシさん　59

第2章　暮らしから紡ぐ

「遊びの栄養士」として自宅ショップを開く…木のおもちゃ チッタ　横尾泉さん　68
定年後の男たちが高齢者のケアに挑む…NPO法人 ディヘルプ　森谷良三さん　76
手作りほうきを復活させ、伝統を伝える
…株式会社 まちづくり山上　柳川直子さん　86
家庭の味を込めたおにぎりで商店街に「縁側」を
…おにぎりの小林　小林武夫さん・小林知都子さん　94
障がい者のアートに出会う美術館
…NPO法人 もうひとつの美術館・梶原紀子さん　102

第3章　好きを仕事に

音楽で人をつなぐカフェ＆ライブハウス
…MUSIC CAFE SO-SO　酒井道啓さん　112
アフリカの布で洋服を仕立てる「お針子デザイナー」
…梅田洋品店　梅田昌恵さん　120

街と人を元気にするコミュニティシネマ…深谷シネマ　竹石研二さん　128
主婦がつくった山村のレストラン
…森のカフェ　アースガーデン(現・お肉カフェ　オーガニックアースガーデン)　榎戸恵彩さん　136
小舟の川クルーズで水都・大阪の再生を…御舟かもめ　中野弘巳さん　144

第４章　地域で興す

東京で林業の会社を起こす…東京チェンソーズ　青木亮輔さん　154
「お金の地産地消」をめざすＮＰＯバンク
…コミュニティ・ユース・バンクｍｏｍｏ　木村真樹さん　162
真心の商いをする老舗の金物屋
…田中惣一商店　田中惣一さん・田中芳雄さん・田中明美さん　171
大地と地域に根ざすオーガニックな種屋…たねの森　紙英三郎さん・紙愛さん　180
住民運営の「百貨店」で農村を守る…有限会社　常吉村営百貨店　大木満和さん　188

第5章　社会を変える

フェアトレードでスローな暮らしを
…スローウォーターカフェ有限会社　藤岡亜美さん　198
生活者が科学技術の主役に…NPO法人　市民科学研究室　上田昌文さん　207
まちのおばちゃんの力で子育てにやさしい地域を
…NPO法人　ふれあいの家―おばちゃんち　渡辺美恵子さん　215
インドネシアの暮らしと環境を守るNGO…NPO法人　APEX　田中直さん　223
社会福祉士として貧困問題に立ち向かう
…NPO法人　ほっとポット（現・NPO法人　ほっとプラス）　藤田孝典さん　231

エピローグ　240
この本で紹介した人たち　249
おわりに　277

農ある暮らしを紡ぐ若き都市農家

風の畑　安田弥生さん　一九七八年生まれ

グィーン、グィーン……。草刈り機の音が畑一面に響く。その横で、三〜四人が丈の高い草をむしっている。雑草の生い茂る合間には、キュウリやインゲン、オクラが見える。スイカも実っている。

「畑というよりも、ただの草原みたいでしょ」

安田さんはそう笑って、出迎えてくれた。

東京都に隣接する神奈川県城山町。点在する農地八ヵ所併せて一〇〇アールが、安田さんたちの手がけている「風の畑」だ。いずれも無農薬有機栽培で四五品目の野菜と米を育てている。ここで農作業をしているのはスタッフだけではない。食材への関心から休日のたびにやってくるレストランの従業員。その彼に畑仕事の面白さを聞き、駆けつけた店の常連客。ドイツでの農業研修から帰国後、自らの修業を兼ねて働いている女性もいる。

「まず、一人で畑に立っていることはないですね。季節を問わず、たくさんの方が手伝いに来てくださるんです」

子どもからお年寄り、学生や会社員、教師、看護師まで。援農者は年間二〇〇人以上にのぼる。

「いろんな人がここに足を運んで、いろんな風を吹かせてほしい」と願って名づけた「風の畑」。その営みは、農業と都市住民をつなぐ懸け橋にもなっている。

無農薬有機の野菜で地産地消を

農業を始めた年（二〇〇〇年）から借りている畑に、案内してもらった。

トマト、ピーマン、カボチャ、里芋などが育っている。農地は決して広くはない。だが、パッチワークのように作物が植わっている姿は壮観だ。

「有機農業は野菜の科で分けて植えるなど、計算と組み立てが大事なんです」

たとえば、ナス科の仲間であるトマトとジャガイモは、隣り合わせにしない。同じ科どうしで病気が移る恐れがあるからだ。虫が匂いを嫌うニラは、いちばん端に植えて畑を守る。

自然の生態を大切にしたいと、プラスチックなどゴミになるものは用いない。保水のために地面に敷くのはビニールではなく、友人の酪農家から譲り受けた麻袋だ。雑草があまり生えてこず、水分をしっかり保持してくれるという。

「夏場も、そんなに頻繁には雑草は抜きません。草の下にはミミズやダンゴムシがいて、土壌を豊かにしてくれる。農業を始めてから、畑には草があって当然だと思うようになりました」

作物の主な販売先は、地元の個人宅二六軒。数十センチ四方の底が深い木箱に、旬の野菜七種類を詰め、週一回、ワゴン車で宅配する。一箱につき一五〇〇円だ。

「有機野菜の値段って高いけど、誰でも気軽に味わえるようにしたくて。だから、価格は抑えています」

宅配は当初から考えていた。

「今日採れたものをその日に食べてもらいたいし、自分の作ったものを直接、手渡ししたいんです。『あの人はバジルがお好きだったなぁ』って、一人ひとりのお客さんの顔を思い浮かべるのが楽しい。野菜の出来についても、すぐに感想がうかがえる。『こうやって食べたら、おいしい』とお客さんから料理の仕方を教えてもらうなど、その調理法を次に訪ねる方にもお伝えできる。ご近所づきあいのような関係が理想ですね」

まさに、「地産地消」の考え方である。農業のグローバル化や、化学化による大量生産が進んだことで、今ではわれわれは四季に関係なく、どこのどんな野菜も食べられるようになった。食べたいメニューがあれば、そのために必要な食材を容易に入手できる。だが、それは自然の流れを疎かにしているのではないか。地元で採れたもの、時季に育ったものを、自然の恵みとして「いただく」という感覚を大切にしたい――。

彼女が育てる野菜には、そんな思いが詰まっている。

母の言葉で福祉から農業の道へ

農業の道に踏み出すまで、実は彼女は福祉の仕事に就きたいと思っていた。

生まれる前から、自宅には軽い知的ハンディキャップを抱える由美子さんが同居していた。当時、町工場を営んでいた安田さんの両親は、養護学校を卒業したばかりの由美子さんを家族同様に受け入れた。機械相手の仕事よりも、生き物に接したほうが由美子さんの心を和ませるだろうと、その後、両親は花屋に転身。さらに飲食店を開き、ウェイトレスを任せて自信をつけさせるなど、由美子さんのことを心底考えていた。

安田さんも由美子さんを「ユーミン」と呼び、実の母や姉のように慕っていた。「ユーミンとの出会いをきっかけに、福祉の学校で勉強したい」

物心つくと、自然にそう思うようになっていたという。

ところが、高校三年で進路を決める時、母親から思いがけない言葉をもらう。

「これから必ず農業の時代がやってくる。農作業を通じて、世の中の役に立てることはたくさんあるはず。農業はハンディキャップのある人も、そうでない人もいっしょに対等に働ける唯一の産業だと思うよ」

最初は戸惑った。高校は家政科だったし、農業のことは何も知らない。でも、農業を福祉とリンクさせるのは、「ちょっと面白いかも……」と思った。

母親から背中を押されるように、長野県にある農業大学校に進学。同級生のほとんどは農家出身だった。授業や実習は連日、早朝から夜遅くまで続いた。農作業はもとより、農業の専門用語もわからず、「先生にしょっちゅう怒られていた」と彼女は笑う。

だが、持ち前の負けん気で踏ん張った。手際よく作業をこなす同級生を「カッコいい」と尊敬もし、彼らのようになりたいと懸命に努力した。いつの間にか農業にのめり込んでいた。

農業大学校では二年間学んだ。しかし、「農業で身を立てるにはまだ何か足りない」と感じていた。

彼女はスイスに渡り、農業研修に励む。彼の地の農家に住み込み、技術や知恵を習った。作物を育てるだけでなく、自らの手でジャムやピクルスなどを作る人たちの姿に感動した。

「向こうでは、牛や豚をまるまる一頭買ってきて、一年かけて食べ切るんです。『今日はここを食べよう、明日は……』って、全部の部位を工夫して食べていた。自然に感謝して、命をいただくという考え方に共感しました」

スイスに行っている間、母親は娘が農業を始める準備をしておいてくれた。神奈川県の農業公社に新規就農を相談。安田さんが帰国すると、すぐに農地を借りられる手はずが整っていた。

都市部のため、地代は全国平均の倍以上かかる。地方での就農も勧められた。でも、彼女は都市で農業をやることにこだわった。

「都会には畑が少ない。いろんな人が気軽に遊びに来て、農業を身近に感じてほしいと思ったんです。『トマトって、こうやって実るんだ』と、大人も子どもも体験してもらう場にしたかった」

運良く、実家のある八王子市にほど近い土地をいくつか借りることができた。農機具や軽トラックなど必要な設備・機材は、すべて中古品で賄った。出費は一二〇万円ほどで済んだ。

そして、二〇〇〇年の春。飛び飛びに借りた農地、計四〇アールから、彼女の挑戦が始まった。

夢は、農を中心にしたエコビレッジ

開業後も、試行錯誤は続いた。農業大学校のあった長野や、研修で赴いたスイスのような寒冷地ではないため、種まきの時期から栽培法まですべて異なる。種まきのタイミングを誤り、霜でキャベツを全滅させてしまったこともあった。

「近くの農家の方にトラクターを借りて、一週間かけてようやく土地を耕せた……と思ったら、実はそこは隣の畑だった、なんてこともありました（笑）」

でも、焦ったり、不安になって落ち込んだりしたことはなかった。

「『軌道に乗せるには五年はかかる』と新規就農した方たちにアドバイスされていましたからね。辞めたいと思ったことは、不思議と一度もありませんでした」

もう一つ、彼女を支えたのは、農業大学校時代の同級生や、スイスでの研修仲間との絆だった。彼らは不要な機材を譲ったり、道具小屋を建てるときは手伝いに来てくれたりした。今も電話で近況を話し、励まし合っているという。

「この地域には私以外、若い農家はいないけど、『地方で頑張っている仲間がいるんだ』と思うと、活力が湧いてくるんですよね。だから、決して孤独に感じたことはありません」

両親も物心ともに支えてくれた。由美子さんも農作業のパートナーとして、とても頼りになっている。安田さんの、穏やかで笑顔の絶えない人柄に惹かれ、畑にはいつも人が訪ねてくるようになった。

現在の年収はおよそ二〇〇万円。最初の年の収入は、農機具などの出費分と同じくらいだった。ゆっくりではあるが、着実に業として成り立たせてきた。

大きな夢がある。農業を中心にしたエコビレッジのような場を作ることだ。畑のそばに古民家のような自然素材の家を建て、オーガニックレストランや、パンやジャムの加工場を造る。羊を飼い、織物や染物を手がける。風車を置き、電気は風力で賄う。誰もが農業に親しめる広場にしたい――。

彼女は目を輝かせて、こう言った。

「私の畑というより、みんなの畑を作りたいんです」

（二〇〇六年七月取材）

〈追記〉

母・静子さんが営む食堂「農家のごはんや　風」を訪ねた。

東京都内にあって、ハイキングで人気の高尾山。その山並みを望むJR高尾駅近くに二〇〇七年春に開店した。木を使った和風の内装。家の台所のような厨房。カウンターには新鮮なキュウリが二本、並んでいた。

「私たちの畑でその日採れたものを、母がここで調理しているんです。だから、夏は、揚げナスに、ナスの漬物など、ナスばっかりになることも（笑）。でも、『こんなにたくさんナスを食べられる機会はない』とお客さんは喜んでくださいます。余った野菜をムダにしたくなくて始めたお店なんですけどね。きっと昔の農家さんも、旬のものをドカッと食べていたと思うんです。お客さんには野菜を通して、季節を感じてほしい」

都市で暮らし、働く人たちと農をつなぐ場。彼女は畑以外に、もう一つ、それを作ったといえる。

今では、二人の子を持つ母親でもある。

「子どもは生後三ヵ月のころから、畑で敷物を敷いて、遊ばせていました。見よう見まねで、みんなといっしょに種まきをしたり、一輪車で堆肥を運んだり。最近は上の子が、鍬を振るうようになりました。『後継ぎ、頑張ってるな！』と近所の方に言われています（笑）」

子育てと、日頃の農作業が重なって見えてきたとも。

「たとえば、ネギって、斜めに植えるんです。ネギはまっすぐに伸びる習性がある。『なんで、斜めなんだ！　立ちたい、立ちたい！』と根をいっぱい出して、自分で立ち上がろうとする。だから、しっかり育つ。でも、まっすぐに植えてしまうと楽だから、ちょっとしか根を張らない。恵まれた環境を与えすぎるのはよくない、ということなんです。

『昔の人の知恵はすごい』とこれまでは漠然と思っていましたけど、子どもが生まれてから、『人間の子どもも一緒なのかもしれない』と感じるようになりました」

彼女は常に、自然や先人、まわりの人たちへの感謝の気持ちを忘れない。「風の畑」には、やさしい風がいつも吹いている。

＊「農家のごはんや　風」は、静子さんが引退し、二〇一七年春に店を畳む。安田さんは、「畑や田んぼの産物を生かした加工などを始めてみたい」と次の展開を考えている。

第1章

仕事の原点に立つ

「ただの町の豆腐屋」という矜持

元気屋　**栗原俊二**さん　一九五九年生まれ

「炊きたての温かいご飯に、冷たい豆腐をのっけて食べると、むちゃくちゃ美味いですよ」

店の主《あるじ》は満面に笑みをたたえて、そう言った。

曰く。「豆腐ぶっかけご飯」

家に戻り、さっそく試してみた。お茶碗の主賓は、彼自慢の「とろ豆腐」だ。よせ豆腐を、さらに濃厚にしたコクと甘さ。それでいて、味が締まっている。

湯気が立つご飯に、それを載せる。醤油に、擂《す》ったばかりのわさびを入れ、ひとたらし豆腐に垂らす。

一気にご飯をかきこんだ。わさび醤油が、豆腐の甘みと風味を引き出している。温かいご飯と混ざって、格別だ。

「お豆腐は室温ぐらいのものが、いちばんおいしいんです」

主の言葉を思い出しながら、私は二杯目をほお張っていた……。

東京・府中市で豆腐屋「元気屋」を営む栗原さんは、創業以来、手づくりの豆腐にこだわってきた。材料は、減農薬栽培の国産大豆と、天然にがり、そして活水器を通した水のみ。化学的な凝固剤や消泡剤はいっさい使っていない。大豆の持つ自然な味わいを生かした豆腐なのだ。

「豆腐づくりの世界は、シンプルがゆえに奥が深い。大豆の擂りつぶし方から、にがりを入れる頃合い、ヘラで混ぜる力加減まで、全部がうまく絡み合って、初めて美味い豆腐ができるんです。いつまで経っても修業は尽きない。だから、やめられないんですよ（笑）」

一日五〇〇丁というこだわり

午前五時。元気屋の朝は、ボイラーに火をつけ、お湯を沸かすことから始まる。大豆を擂るグラインダー（磨砕機）や、煮炊きする釜、豆腐を水にさらす水槽などをすべて熱湯消毒し、豆腐づくりにとりかかる。

前夜から水に漬け込んでおいた大豆を、いったん水を抜き、新たに水を加えながら、グラインダーで擂りつぶしていく。ドロドロになった大豆を釜で煮たあと、プレス機で搾り、豆乳とおからに分ける。豆腐になるのは、この豆乳の部分だ。

そこに、にがりを入れる。昔ながらの製法で作った伊豆大島の天然にがりだ。それをヘラなどで混ぜ合わせ、プリン状に固まったものをひしゃくでほぐし、布を敷き詰めた型箱に入れる。そして、重しを置き、エアプレス機で水を切る。水槽に入れて、一丁ずつにカットすると、もめん豆腐の完成だ。穴の開いていない型箱の中でそのまま固めれば、絹ごし豆腐になる。

これら一連の作業を、栗原さんは毎日、ほとんど一人でこなしている。一日に作る数は五〇〇丁前後。材料は、大豆一俵と少しを使うという。

「これぐらい売れば、僕らは飯を食っていけるんです。一人で作る場合に、責任が持てる数でもある。もっとたくさん作ろうと思ったら、働く人の数を増やすか、機械化するか、あるいは手を抜くしかない（苦笑）。それは、したくないですから」

店構えは小さくとも、自分の手で、目の届く範囲で上質な豆腐を作りたい。工業生産のように分業で機械を使い大量に作るスタイルよりも、こちらのほうが自身の性に合っているとも。手づくりでこしらえているという自負から、彼は「工場」を「こうじょう」ではなく、「こうば」と呼ぶ。

「ただの町の豆腐屋ですから」

その言葉の底には、職人の矜持がうかがえる。

「どうしても嫌いになれない仕事」

豆腐を午前中に作り終えると、昼からは車で配達に回る。卸し先は地元の生協や自然食品店、居酒屋など。売上の多くは、こうした卸によるものだという。夕方には、店に客もやってくる。妻の典子さんや、パートのスタッフたちは翌日に備え、使い終わった道具をいっせいに水で洗う。

「うちは全部手洗いで洗剤も使わないから、豆腐を作るのと同じぐらい時間がかかる。でも、豆腐屋にとって、片づけ洗いもすごく重要な作業なんです」

一日の仕事がすべて終わるのは、夜の九時過ぎ。延べ一六時間ものハードワークの毎日である。

「たしかに、肉体的にも精神的にも、しんどいと感じるときはあります。だけど、豆腐を素手で触っていると、不思議と気持ちが落ち着いてくるんですよ。手に伝わってくる重量感やしっとり感、包丁でカットしたときの切り口とか見るとね、どうしてもこの仕事を嫌いになれないんだなあ」

豆腐談義はさらに続く。

「今使っている大豆は、佐賀県産のフクユタカという品種です。この大豆は、タンパク質も糖分もたくさん含んでるし、皮が薄くて、豆腐を作るのに合ってるんですよ」

「大豆というのは、一一月ごろに収穫しますでしょ。うちに入ってくるのはだいたい年明けなんですけど、このころの豆腐がいちばん美味い！　お米でいうところの新米といっしょでね」

素人の私にもわかるように、やさしく丁寧に説明してくれる。時に熱い口調になるのも、聞いていて清々しい。そう思っていたら、彼は不意に席を立った。

「物を作っている人間が、こんな百の能書きを言ってちゃダメだ。やっぱり実際に物を見てもらわなきゃ」

もめん、絹ごし、とろ豆腐を、それぞれお椀に盛りつけて持ってきた。

「さあ、この順番で食べてみてください」

口に運ぶ。食感はもとより、コクや甘さが明らかに違う。

「全部、同じ材料です。だけど、製法によって、こんなにも違いが生まれる。豆腐って、すごい食品だと思いませんか?」

小さな店だから、志を貫ける

豆腐屋との出会いは、大学生のころにさかのぼる。大学のあった神奈川県藤沢市に暖簾を掲げていた店で、当時、彼はアルバイトをしていた。社長は脱サラして起業した人だった。そのエネルギッシュな姿に惹かれた。

店の豆腐の製法は、「国産大豆一〇〇%、天然にがり一〇〇%。消泡剤は使わない」。今の元気屋の作り方はこれを受け継いだものだが、「そういう店は、当時は全国で二ヵ所ぐらいしかなかった」。豆腐づくりの姿勢にも共感した。社長に請われ、卒業後、社員になった。

「大学まで出させてやったのに、なんで豆腐屋になるんだ」

両親は最初、いい顔をしなかった。だが、それも気にはならなかった。

八〇年代初頭。人々の間でエコロジーや自然食への関心が高まっていた。店の業績はうなぎのぼりだった。彼も豆腐づくりの面白さに目覚めていく。

だが、三年ほど経つと、自らの力に行き詰まりを感じ始めた。外の世界ものぞいてみたい。休職を願い出て、旅に出た。自然食系の雑誌に紹介されていた各地の有機農業者を訪ねた。

そして半年後。帰ってきたら、会社はさらに大きくなっていた。

「府中に支店を出すことになったが、任せるはずだった人間が退職してしまった。おまえ、行ってくれないか」

社長に頼まれ、見知らぬ地に単身、乗り込んだ。しかし、売上は思うように伸びない。三年後、会社は撤退を決定。社長はこう切り出した。

「本社に帰ってくるか、この店を買い取るか、どっちか選べ」

短い歳月とはいえ、地域の人たちとのつながりが少しずつできていた。自分一人の食い扶持ぐらいは何とか稼げそうだ。それに、本社は従業員が増え、機械化が進んでいる。すべてを手づくりというわけにはいかないだろう。それは、自分が作りたい豆腐ではない。

彼は、自力で店を続けることを決意する。

独立を祝う気持ちからだろう、社長は工場の設備を相場よりはるかに安い値で譲ってくれた。自己資金で足りない分は親から借金をして、開店にこぎつけた。

店の仕事は、全部、自分一人でやらねばならない。孤独な闘いが待っていた。

「本社では分業制でしたからね。豆腐づくりをわかっていたつもりが、実は何にもわかってなかったんです」

作っては失敗、作っては失敗をくり返した。にがりを入れるタイミングを誤り、手に持ったとたん、指からボロボロとこぼれ落ちてしまうこともあった。

「泥のごとき　できそこないし　豆腐投げ　怒れる夜の　まだ明けざらん」

作家・松下竜一の代表作『豆腐屋の四季』の冒頭に出てくるこの短歌を、わがことのように感じた。

励ましてくれたのは、客や同世代の商売仲間だった。

「うまくできなくても、我慢してずっと付き合ってくれた。本当にありがたかったです」

やがて腕も上がり、売上は徐々に増えていった。二〇〇〇年には、木造の工場兼住宅を新築。新商品にも意欲的に取り組んでいる。「とろ豆腐」もそのひとつだ。一年を費やして開発、客の評判は上々である。

豆腐業界の現状は、決して明るいものではない。一世帯当たりの豆腐購入金額は年々減少し、毎年平均二〇〇〇件ほどの店が廃業・倒産に追い込まれている[1]。

「今や豆腐は、スーパーなどで安売りの目玉商品のように扱われている。それなのに、わざわざ、うちに買いに来てくださる方には、本当に頭が下がります。三世代にわたって食べてくれているお客さんもいる。『おたくの豆腐を食べて、初めて豆腐のおいしさがわかったわ』なんて聞くと、この仕事を続けてきてよかったと思います」

大豆の自給率を高めるうえでも、国産大豆を使った豆腐屋には価値がある、とも彼は思っている。

「大手がその規模を維持するには、背に腹はかえられないこともある。でも、小さいところは志でがんばれる。うちみたいな豆腐屋がいっぱい生まれたら、この国ももっと面白くなるんじゃないかなあ」

（1）総務省統計局『家計調査年報《家計収支編》』、矢野恒太記念会編・刊『日本国勢図会』の各年版より。

（二〇〇七年九月取材）

〈追記〉

栗原さんが小・中学校で豆腐づくりの体験授業を始めて、一〇年以上になる。食育関係のＮＰＯに携わる知人に請われ、年に数回行っている。

「子どもたちにとって、たぶん一生に一度の経験になる。だから、絶対に失敗はさせたくないんですよ」

前日に、大豆を水に漬けておく。授業を始める時間から逆算し、ちょうどいい頃合いになるように気を配る。子どもたちには、ミキサーで擂りつぶした大豆を触らせ、匂いも嗅がせる。

「僕が子どものころには、町にはまだ豆腐屋があった。お使いに行くと、豆腐屋の親父が水槽からお豆腐を取り出して、鍋に入れてくれたものです。そんな豆腐の匂いや湿り気具合を、今の子にも感じてほしい」

「にがりを打って、豆腐が固まってくると、子どもたちは大喜びするんですよ。拍手したり、歓声を上げたりね。僕なんか、毎日やってて当たり前のことなんだけど。新鮮な気持ちになれるし、豆腐づくりを始めたときの原点に戻れます」

小学生から「あなたにとって豆腐とは何ですか？」と聞かれたとき、こう答えたという。

「これしか、できないからね」

実に彼らしい言葉である。

ませんからね。お客さまにも味を確かめてもらっています」

寒い日には、温かい野菜スープを出すことも。試食は客へのもてなしでもある。保存法やレシピの相談にも乗る。「食べる楽しさを伝えたい」、「おいしい野菜で心も体も元気になってほしい」と思うからだ。

店で扱う野菜は、農薬や化学肥料を使う慣行栽培のものに比べれば、価格は多少、割高となる。安心安全で美味なこと、農家の手間や労力がかかっていることなどを客に伝え、納得してもらっている。

「『ここに来たら、絶対においしい野菜が手に入る！』と信じていただいています」

野菜の選び方についてもアドバイスする。特性を知り、産地や栽培方法などを確かめること。そして、見分け方である。トマトはお尻の部分から放射状に伸びる筋が多いほど、甘くておいしい。ほうれん草は淡い緑色で、葉が大きく、葉脈が均一に広がっているものがお勧めといった具合に。

農家のことも気にかかる。

「農家さんは、私たちの食料を支える縁の下の力持ち。応援しないと、今後の食の安全は守れない」

八百屋という生業。野菜と農家への思い。それは、「もともと食いしん坊だった」と笑う彼女が、直感を頼りに行き着いた場所だった。

ＯＬから八百屋に転身

大手学習塾の教育開発部門で働いていたＯＬのころ。通勤電車の中で見かけるサラリーマンの疲れた様子が気になった。仕事先で出会う高校生たちの顔色も良くなかった。

「みんな、おいしいものを食べていないからだよ」

単純にそう思った。自身も夜遅くまで仕事で接待し、残業が終われば同僚と飲みに行く日々。食事の時間は不規則で、体の重たい感覚がつきまとっていた。食を疎かにしてはいけないと、うすうす感じていた。

会社を退職後、食べることにかかわりたいと、料理教室や講座に足を運ぶ。さらに本格的に調理を学ぶべく、その道で名高い大阪の辻学園調理・製菓専門学校の夜間部に入学。アルバイトの後、学校に駆け込む毎日だった。玉子を二パック買って、調理場でオムレツの練習をしたこともあった。

「おいしさ」を提供する仕事に就きたいと思うものの、技量も知識も経験も、まだまだ足りない。食事に野菜は欠かせない。もっと勉強しなければと思っていたとき、知人から東京の青果卸店「築地御厨《みくりや》」（以下、御厨）を紹介される。同店は、レストランに無肥料無農薬野菜を中心に卸していた。

弟子入りのつもりで働かせてもらうことにした。店主は、彼女に言った。

「野菜のうんちくは後からでいい。まずは触って、食べることだ」

毎朝三時からの野菜の箱詰め作業。旬の野菜を通して、季節の移り変わりを感じた。一ヵ月間、肉や魚をとらない「菜食生活」も試みた。味覚が敏感になり、みるみる体調がよくなった。添加物などが入ったものは、自然に体が受け入れなくなった。

日ごとに気持ちは高まった。

「八百屋を開いて、元気になるもの、おいしいものを消費者に伝えたい。今の自分にできるのは、食材を売ることだ」

御厨の店主は小売業の厳しさを案じ、一人、最後まで反対した。だが、彼女の気持ちが変わらないと見るや、野菜は全部店から仕入れていいと言ってくれた。こうして一年八ヵ月の修業を経て、「八百屋 瑞花」を立ち上げることになる。

「おいしいね！」は笑顔への魔法

自分一人で始めるのなら、このぐらいの規模がいいと見つけたのが、今の店舗だ。自身が生まれ育った街。古くからの住人が多く、隣には小学校もある。ここなら集客できると判断した。資金は会社員時代からの貯金で賄った。

開店当初に新聞の折込チラシを六〇〇〇枚配布。口コミも手伝って、客は徐々に増えていった。脱サラした若い女性が、東京のど真ん中で小さな八百屋を開いた、その新鮮さが注目されたのだろう。ラジオや新聞、テレビに相次いで取り上げられた。おかげで売上は予想以上にいという。

「『野菜をいっぱい食べるようになった』、『体の具合が良くなった』と聞くと、すごくうれしいんです。一人ひとりのお客さんの顔を思い浮かべながら、お好みの野菜を仕入れたり、レシピを考えたりする時間も楽しい。幼い子を持ったお母さんや、ＯＬさんも来やすい店にしたい」

子どもの食育や料理教室にも力を注ぐつもりだ。

「食習慣や味覚は、幼いころの体験がベースになりますからね。まずは、食べる楽しさを伝えたい。目で見て、匂いを嗅いで、口の中に入れて、野菜のおいしさを五感でいっぱい味わってほしいんです」

人の笑顔を見るのが大好きだ、と彼女は言う。

「おいしくて、体にスーッと染みわたる食事って、体にもいいし、ホッとして心が和むじゃないですか。『おいしいね！』は笑顔への魔法なんですよ」

この日、私はカボチャを分けてもらった。「白九重栗南瓜《しろくじゅう》」。北海道で自然栽培されたものだという。

「この子たち、自分でしっかりした味を持っているから」

彼女のアドバイスを思い起こし、醤油も砂糖もいつもより少なめにして、弱火で煮た。できたての、アツアツを頬張る。カボチャのほのかな甘さが口の中に広がっていく。

「『おいしいね！』は笑顔への魔法」

なるほど、そのとおりだ。彼女は日々、こうやって野菜の魅力を伝えている。

（二〇〇九年一一月取材）

〈追記〉

「これ、どうやって食べたらいいのかしら？」

店に並ぶ野菜を手に取り、中年の女性が尋ねている。矢嶋さんは、笑顔で応えていた。

「『今日の夕飯、何を食べたいかわからないの』と入ってくるお客さんもいます（笑）。そんなとき、たとえばこうお聞きするんです。『和食と洋食、どちらを食べたい気分ですか？』って。お話をしていくうちに、だんだんメニューが決まっていくんです」

味噌づくり教室を始めた。煮大豆を手や足で擂り潰し、塩と麹と混ぜ合わせ、文字どおり「手前味噌」を作る。夏を過ぎ、初冬にはおいしい味噌ができる。

「大豆の種まきから味噌づくりまでを体験しよう！」というイベントもスタートさせた。野菜の仕入先である茨城の農家と提携した企画。貸し切りバスでその農家の大豆農園に通い、八ヵ月ほどかけて種まき、草取り、収穫をし、自らが育てた大豆で味噌を作った。

日本人の食の実態に詳しい新聞記者を招き、座談会も開いた。当日は、参加者にも普段の食事について、質問に答えてもらった。

「食品数が少ない人は、冷え性や腰痛などを抱えていた場合が多かった。たくさんの種類の食品を食べている人は、体調はおおむね良好でした。体と食べ物の関係について考えるきっかけになればと思います」

かねてから、彼女は「三つのプロジェクト」を考えていた。「食材を買える場所」、「食について学べる場所」、「おいしく食べられる場所」。八百屋で最初のそれを実現させ、二番目も少しずつ形になってきた。

おいしい野菜を通して、彼女は人の輪を広げている。

日本の伝統構法で木造住宅を建てる

杉原敬さん　一九七二年生まれ

その家は、澄んだ秋空に映えていた。完成間近の木造二階建て住宅。中に入ると、木の心地いい香りに包まれた。間仕切りの壁が少なく、家の中央は吹き抜けになっている。丸太の柱や梁、二階の天井が見える。開放的な空間に、深呼吸したくなる。

「材木は全部、国産の無垢材です。木は樹種によって、また、育った環境で強度や特長が違いますからね。床下の土台は栗、柱は楢や栗、床は檜……と用途に応じて使い分けています。一本一本の木は、狂いや捻じれ、割れなどの状態も吟味して、材料に選んでいるんです」

「適材適所」とは、まさにこのことである。


埼玉県飯能市で建設業を営む杉原さんは、地元で手がけたこの家を見上げながら、自身の家づくりを教えてくれた。

それは、一言で言えば、木組みによる家。日本に古くから伝わる「伝統構法」と呼ばれるものだ。

柱や梁で骨組みとし、柱と柱の間には細い竹を縦横に編み、そこに土を塗って壁を作る。部材は、接合部分を凹凸にして組んでいく。

現在の木造住宅の大半は、壁に斜め材（筋交い）を入れ、部材を金物でつなぎとめ、床や壁はパネル状の板で組み上げている。しかし、彼が建てる家には、筋交いも、ボルトも、パネルも、ほとんど使われていない。

「地震や台風などが多い日本では、木組みの家がずっと主流でした。揺れのエネルギーを吸収し分散させる、しなやかな構造を持っているからです。建てるには手間も時間も相当かかるけど、日本の風土にはいちばん合っている。木の特性を生かした、すばらしい技術なんですよ」

古き良き日本の伝統の家づくり

施主から家づくりの相談を受けると、杉原さんたちはまず、敷地の形状から家族構成、暮らし向きなどを聞き、新居でどう過ごしたいのかを尋ねる。同時に、自分たちが手がけている伝統構法や、家づくりについての考え方を説明する。

「僕は駆け引きするつもりはないし、隠すこともいっさいありませんからね。お施主さんにとってのメリットだけでなく、『完成するまでに一年はかかる』、『建築総費用は市場の大半の物件より割高』などデメリットも合わせて、全部話します」

食事を共にしたり、時には酒を酌み交わしながら、ゆっくり時間をかけて話し合う。これまでに建てた家も、実際に見てもらう。そうして施主は納得したうえで契約する。契約書を作らないことも、ままある。

「お互い信頼しているから、特に必要ないんです」

古き良き日本の伝統が、ここにも感じられる。そのかわり、施主には工程表や見積もりを事細かに示す。見積書には人件費や材料費に加え、フォークリフトのガソリン代、休憩時のお茶菓子代まで記されている。

「契約書どころか、設計図すらできていないのに、手付金を振り込んでくださった方もいました。さすがに、そのときはいつも以上にプレッシャーがかかった（笑）。でも、そこまで信頼されているんだと思えて、うれしかったです」

彼は「直営方式」と呼ぶスタイルを、施主に勧めている。信頼できる左官屋、屋根屋など業者を紹介。施主が直接、業者に発注し、代金を支払うのだ。施主にとっては、やりとりする手間はかかるが、費用は安く抑えられる。さらに、工事内容（費用）の透明性も増す。

住まい手も、家づくりに積極的に参加する。それが、杉原さんたちが手がける住まいなのだ。

家を見れば、建てた人の意思がわかる

家づくりにおいて、棟梁の存在は大きい。棟梁が施工のすべてを指揮し、職人たちとのチー

ムワークで家を建てていく。杉原建築では、棟梁はスタッフが務める。杉原さんは、それら全体の統括・管理と設計を担う。

施工の流れは、こうだ。地元の材木屋から仕入れた材木を一本一本見て、どこに、どう使うかを判断する。設計図に合わせて材の寸法を測り、墨壷の糸をはじいて印を付け、線を引く「墨付け」。材木を寸法どおりに切ったり、材をつなぐための「ホゾ」（凸部分）や「ホゾ穴」（凹部分）を作るなどの加工作業。これらは、いずれも作業場で行う。仕上がったら現場に運び、組み立てていく。とりわけ驚いたのは、土壁の土も手づくりということだ。

「藁《わら》を五～六センチの長さに切って、泥と混ぜて、半年ぐらい寝かせておく。すると、藁が腐って、粘り気が出てくる。接着効果が高まって、丈夫な土になるんです。この家を建てるときには、全部で二〇トンの泥を使いました」

塗料も、柿渋や漆が使われている。健康で安全な自然素材を生かした住まいになっているのだ。これだけ丁寧な仕事をしていれば、完成までに約一年かかるのも、建築費が割高になるのも、うなずける。

二〇〇一年に起業して以来、彼はこのやり方で家を建ててきた。そのかたわら、古民家の再生・修復の仕事を引き受けてきた。

「一〇〇年以上前にできた家をいったん解体すると、建てた人の意思がこちらに伝わってくる。鋸を引いた跡や、鉋をかけた跡がわかるでしょ。『この大工さんは、こういう考えでここを作ったんだ』というのが見えてくる」

「伝統構法というのは、シンプルで伝承しやすい。土壁だって、泥に茶碗一杯の砂を入れるか入れないかで、接着の具合を調整する。奥が深いし、作り方の過程が僕たちの目に見えるところも面白いんですよ」

棟梁として、自分で家を建てたい

物を作ることは、子どものころから好きだった。高校時代には彫刻家のもとでアルバイトを経験。さらに深く学ぼうと、卒業後しばらくして、彫刻家が多く活躍する岐阜・高山を訪ねる。

「東京からリュックを背負って、歩いて行きました。一二月の寒い中、南アルプスを越え、野麦峠を越えてね（笑）」

活気あふれる若者だった。自身の作品を携え、彫刻家の門を叩いた。だが、九〇年代初頭。バブル経済が崩壊し、時代の流れは変わっていた。

「この世界は不景気になると難しい。一生の仕事にするのは無理だ」

身をもって厳しさを感じ、東京へ戻った。

「同じ『ものづくり』として、左官屋や大工の仕事も面白いかもしれない」

知人の紹介で大工の道へ。修業を始めてまもなく、伝統構法を手がける棟梁と出会う。木を生かした家づくりの魅力と、棟梁の人柄に惹かれ、弟子入りすることに。やがて、文化財になっている民家園の再生を任された。

「茅葺き屋根の家でした。茅葺きって、ススキと藁と竹だけでできているのにきれいだし、飽きがこない。雨風もしのげる。物づくりの原点だと思った」

いつかは自分が棟梁になって、家を建ててみたい。その気持ちは抑え切れなくなった。七年間のつとめの後、独立した。

「大工としては、修業期間が短いんです。不安もなくはなかったけど、必ずお客さんに信頼される家を作れると思ってました」

修業時代に世話になった材木屋が、彼の腕を見込み、客を紹介してくれた。仕事は、順調に滑り出した。


スタッフを増やし、仕事の手を広げようとしたことがある。

「でも、あまりいいことはなかった。すごく儲かったわけでもないし、格別にいいものができたわけでもない。目が行き届く規模がいちばんいいと痛感しました」

彼を含めてスタッフは、三〇代を中心に総勢八人。仕事も人も、これ以上増やすつもりはないという。

起業してから、およそ二〇棟の家を建ててきた。日本文化が好きなフランス人に請われ、彼の地まで茶室を作りにも赴いた。両親のたっての願いで、実家の建て替えもまもなく始まる。

日本の森と林業が危機的だといわれて久しい。国産材は価格の安い外材に太刀打ちできず、伐採すればするほど赤字に陥る。そのため、山林の多くは放置されたままだ。木造建築を生業にする前途は、決して楽観できない。それも十分に自覚している。

「これからも自分の持っている技術で、木という自然に向き合っていきたい。お客さんが安心して、気持ちよく暮らせる家を建てたい。照明器具や家具の製作など、造形的な要素にももっとチャレンジしてみたい」

インタビューの場所は完成間近の家から、作業場、事務所。最後は地元の焼肉店でビールジョッキを片手に、深夜まで続いた。名木で知られる吉野の杉には三〇〇年生、四〇〇年生のものがあること。さらに、日本の古民家からヨーロッパの住宅の話まで……。

きっと施主にも、こうして膝を突き合わせて話しているのだろう。家づくりに懸ける生粋の職人の心持ちが、伝わってきた。

（二〇〇八年一〇月取材）

〈追記〉

津波被災地・石巻で家づくりに励む

「震災後、大工として被災地に何ができるか、ずっと考えていたんです」

杉原さんは東日本大震災後、埼玉県飯能市から宮城県石巻市に移り住み、被災した人たちの家づくりに携わっている。

棟梁から、石巻の工務店のスタッフに転身。建築の手法も伝統構法ではなく、戦後に普及し、今では日本の木造住宅の大半を占める「在来工法」で手がけることになった。仕事をする場所も、立場も、住まいの建て方も一変したわけだ。

「『第二の大工人生』という感じですね。くぎの打ち方から教わってます」と照れ笑う。

これまでのキャリアを投げ打ち、新たな地で働いているのだ。震災からまもなく五年を迎える二〇一五年一二月、石巻に彼を訪ねた。

市内は更地が目立つ。山を切り開き、住居の高台への移転も進められている。ブルドーザーやダンプカーが並び、土地を造成している。シートで覆われている大きな建物は小学校だと、杉原さんが教えてくれた。

「今はシートで見えませんけど、三階の部分が真っ黒に焦げているんです。津波で流された車が激突して、燃えた跡だそうです」

震災による津波被害のすさまじさがうかがえる。

石巻市は旧北上川の河口に位置し、三陸の海の幸に恵まれ、漁業や養殖業が盛んな町である。製紙会社大手・日本製紙の工場などを抱え、東北地方で屈指の港湾工業都市としても知られる。

震災は、人口約一五万人を擁するこの町も襲った。津波により、市内の平野部の約三〇％が浸水し、被災住宅数は七六・六％に及んだ[1]。津波や家屋倒壊などで亡くなった人は三二七八人、行方不明四二五人[2]。今も約四八〇〇人の市民が、仮設住宅での生活を余儀なくされている[3]。

一日も早く元通りの暮らしがしたい、以前と同じように働きたい……そんな地元の人たちの声に応えようと、杉原さんは、市内で建設業を営む「佐々木工務店」で働いている。

最近、携わった物件のひとつが、精肉店の改修工事だ。正面の外壁には北米産のレッドシダを使い、店の看板の文字は鉄板であしらうなど、味わいがある。どれも彼の提案によるものだという。

佐々木工務店は社長を含め従業員一〇名で、木造住宅や店舗の新築、増改築を手がけている。これまでやってきた同じ木造建築とはいえ、伝統構法と在来工法では全く違うと杉原さんは言う。

「金物の使い方から、くぎの打ち方、材料の扱い方まで、『違う職種』というぐらい違います」

例えば、伝統構法では部材の接合部分は凹凸にして組み、ボルトなどの金具はいっさい使わない。ところが、在来工法は金具でつなぎとめる。また、伝統構法が柱と柱の間に細い竹を縦横に編み、そこに土を塗って壁で作るのに対し、在来工法は壁に斜め材（筋交い）を入れ、床や壁はパネル状の板で組み上げる。

「第二の大工人生」と彼が言うのも、うなずける。

「よそ者」として力を尽くす

震災当時、杉原さんは自身の会社「杉原建築」を解散し、一人で仕事をこなしていた。会社の代表として、施工全体の統括・管理、資金繰りなどデスクワークが多くなり、現場へ行く機会が減っていた。家づくりが好きな彼にとって、それは歯がゆかったからだ。

一方で、日本の木造建築の先行きに希望を持てなくなっていた。大工の高齢化が進んでいる。住宅建築に関する法制度が変わり、伝統構法を続けるには、ますます厳しい状況にもなっていた。

「大工をやめようとさえ思った」

東日本大震災に出くわしたのは、そんな迷いを抱えていた時だった。メディアから伝わってくる地震と津波、原発事故の被害にひどくショックを受けた。

そして、震災から一週間後、ふと思い立つ。

「朝、目が覚めて、布団の中で完全にスイッチが入ったんです。『何、いつまで寝てるんだよ！　今こそ日本中の大工が協力して、仮設住宅を作らなきゃダメなんじゃねえか！』って。日本には山があり、木はいくらでもある。家を建てるスキルもある。大工という仕事を二〇年続けてきた俺にもやれることはあるんじゃないかって」

木組みの板倉構法なら、比較的安く早くできるはずだと考えた。板倉構法とは、柱と柱の間に板材を落とし込んで壁とし、壁を塗る手間を省いたものだ。仲間に声をかけ、アイデアを出し合った。その結果、三日間で完成できる仮設住宅「九坪ハウス」が誕生する。すぐにでも被災地で建てたいと、これまで縁があった、思いつく限りの人に相談した。しかし、材料の調達、行政への働きかけなどクリアすべき問題が多く、すぐには実現できそうにない。

石巻を初めて訪れたのは、二〇一一年の秋のことだった。

国産材を使った木造住宅建築に携わる人たちのネットワーク「木の家ネット」の総会が石巻市で行われ、彼も参加した。それがきっかけとなり、津波で甚大な被害を受けた沿岸部・十三浜で暮らす人から相談を受ける。

仮設住宅団地の近くに日用品や食料品を扱う店を作り、子どもたちが遊び、勉強する場を併設したいという。震災後、地元の商店は営業再開のめどが立たず、車のないお年寄りは買い物に難儀していた。仮設住宅は狭いため、子どもたちは落ち着いて勉強することもままならない。集まって遊ぶスペースもない。店を作れば、母親たちの働く場ともなり、買い物に来た人同士が交流もできる――。

震災後も厳しい生活を送っている人たちの願いに応えたかった。地元の建築家が設計し、杉原さんが中心となって施工した。部材は埼玉の自身の加工場で刻み、石巻に運送して木組みで建設。合わせて半年ほどかけて、二〇一二年の暮れに完成した（店名は「WE ARE ONE MARKET」）。

佐々木工務店の社長と知り合ったのは、翌一三年の春のことだ。地元の郷土芸能「大室南部神楽」を披露するお祭りの場で紹介された。自分と同世代の社長に、伝統構法で家を建ててきたと言うと、社長は杉原さんが手がけた物件を見に埼玉まで来てくれた。意気投合し、「この人となら一緒にできる」と確信。スタッフに加わろうと決意する。

「石巻市だけでなく、東北の被災地沿岸部全域で大工は不足している。高台への集団移転や、壊れた家の補修がある程度、落ち着くまで数年はかかるでしょう。でも、僕は地元の人間じゃないから、一人で仕事を任されるまでの信用はまだまだない。だから、『よそ者』としてできることをやっていきたいと思ったんです」

新しいステージで生きるチャンス

伝統構法にこだわり、長年、それを手がけてきた彼が、在来工法の家づくりに葛藤はないのか、どう折り合いをつけているのか。

「たぶん、もう少しすれば、在来工法のやり方を覚えて、提案できることも増えてくると思います。自分の幅が広がる、可能性の扉を開くという意味で、この経験はマイナスだとは全く思っていない。むしろ、楽しんでやってるんですよ」

「伝統構法はもちろん、いいものだし、自信を持っている。でも、もしかしたら俺は今まで『善意の押し売り』をしてたんじゃないか。果たして、これまでの自分でよかったのか、もう一回、おさらいしようぜという気持ちもあるんです」

とはいえ、伝統構法で家を作りたい、そして、その技術を後生に伝えていきたいとも思っている。

施主の要望に応えるために、木組みの技術が生かされることが、しばしばある。ドアの取っ手の接合、扇状の店舗などを手がける杉原さんの腕前に、まわりの大工や職人は刺激を受けているという。

「この前、シゲちゃん（佐々木工務店の社長）が、『うちの実家を伝統構法で作ってくれない？』と言ったんですよ。ほんとうにうれしかった」

彼の思いが少しずつ伝わっているのだ。

日本人の父親と、アメリカ人の母親を持つ風貌から、彼は中学高校時代から「マイケル」の愛称で親しまれてきた。石巻でも、そう呼ぶ人が増えてきた。

「一番は、『ここの人たちといっしょにいたい』ということなんです。最初は夢中でやってたけど、何とかお店（仮設住宅団地の近くにある店「WE ARE ONE MARKET」）を建てることができた。地元の人たちに求められて、自分はここに来たんだなあと思いながら、こっちの人にすごく世話になって、新しい関係が築けて、その中でいろいろ探っていくこともあって。自分にとって試練というか、試験というか、実験というか。そんな全く新しいステージでやっていくチャンスって、人生の中でそうそうないと思うんですよね」

口調には時折、石巻のなまりが交じる。しばらくはこの地で、一大工として力を尽くしたいと語った。

（1）二〇一七年一月末現在。石巻市「石巻の復興状況について」（二〇一七年二月）より。

（2）二〇一七年二月末現在。石巻市Ｗｅｂサイトより。

（3）二〇一七年三月一日現在。石巻市Ｗｅｂサイトより。

街角のコミュニティをめざす銭湯

なみのゆ　**大小島博**さん　一九五〇年生まれ

「庶民の社交場」として長年、親しまれてきた銭湯が、町から姿を消しつつある。

東京都では最盛期の一九六〇年代には二六〇〇軒以上あったのが、今ではその四割ほどに減った。[1]風呂付きの住宅が普及したことで、銭湯の利用者は減少、転廃業が進んだ。一方、スーパー銭湯や健康ランドなど、レジャー要素の強い大規模な施設は増えている。

東京・高円寺にある「なみのゆ」は、「一〇〇年後に残る銭湯」を掲げる。「お風呂屋さんを、地域のコミュニティとして再生させたい」と彼は言う。

「商売ってのは、理詰めで考えるものじゃない。経営者の感性が大事なんだよ。面白いことをやろうって、俺なんかいつも、ちょこまかしてるからさ。『あんたは風呂屋のおやじには見えない』と言われるんだけどね、ハハハ」

よくしゃべり、よく笑う。粋で気さくなアイデアマンである。

煙突にイルミネーション、浴室にはプール

ＪＲ高円寺駅前の商店街を抜け、路地を曲がる。夜空に、煙突を飾るイルミネーションが現れた。赤や緑、青の電球。てっぺんには月のような黄色の灯りが見える。建物に近づくと、「なみのゆ」の看板が……。

「『あの灯りは何だろう？　ああ、お風呂屋さんだったんだ。ちょっと入ってみようかな』と思ってもらえたら」

煙突には、春は鯉のぼり、冬はサンタクロースを掲げるという。

風呂につかる。井戸水による天然アルカリの湯が心地いい。壁には「湯船のひまつぶし」と題した、ビニールコーティングされた新聞のスクラップが吊るされている。「玄米食」、「アロマで医療効果」など健康や暮らしに関する記事。濡れる心配なく、ゆっくり読める。

洗い場には、歩行用の小さなプールが設けられている。奥行き四・五メートルに、幅二・四メートル、深さ一メートル。水温は三四度と一般のプールに比べ、少し高めだ。水中を歩いても上半身が冷えず、湯気で汗がほどよく出るよう配慮されている。都内の銭湯では、初めての試みだという。

「お年寄りの中には、スポーツセンターはちょっと敷居が高いと感じる人もいる。でも、ここなら身近に運動できるでしょ」

毎週開く水中歩行教室に、中高年の女性が参加する。プールは、子どもたちにも人気だ。訪ねたときは、父親に連れられてきた幼い子が、浮き輪やビート板を借りて水遊びを楽しんでいた。

ロビーには、銭湯でおなじみのコーヒー牛乳をはじめ、アイスクリーム、一個二〇～三〇円の駄菓子が並ぶ。週二回は、手づくりのおにぎりも販売。二階のフリースペースでは、大小島さんの次男ら柔道整復師によるＰＮＦ（固有受容性神経筋促通法）を用いた整体・リハビリや、パソコン教室が行われている。

毎月第四日曜日には、店前の路地で朝市が開かれる。包丁研ぎや洋服のボタン付け、パソコン相談など、近所に住む中高年がブースを出す。お菓子づくりの好きな女性によるクッキーやプリンも並ぶ。大工仕事が得意な大小島さんも、腕前を見せる。名づけて「知恵の朝市」だ(2)。お年寄りや子ども連れの母親、日曜恒例の朝湯帰りの客などで、市はにぎわっていた。

包丁を研ぐのは、かつて銀座のレストランでコックをやっていた七〇代の男性だ。小学生の男の子が膝を抱え、じっとそれを眺めている。「最近の子はこういうものを見たことないから、興味を持つんだろうね」と男性。大小島さんも満足そうだ。

「子どもが、知らない人とも安心してやりとりできるのが、ほんとうの意味での〝安心〟だと思うんだよ。昔は地域にそういう関係があった。それを復活させたいんです」

地域福祉・防災の拠点として

九人きょうだいの、上から三番目の次男。もともと物づくりが好きだった。「大学を卒業して店の仕事に就いてからも、明けても暮れてもボイラーの配管をいじってた」と笑う。

どうやったら熱効率を高められるか、お湯の温度をより安定させるには……。専門書をひたすら読み、自分で設計図を書いて、制御盤や、燃料の重油が入るタンクを作った。溶接は大学に入る前に専門学校で学んだが、あとはすべて独学で身につけた。

「いったん店を開けたら、機械や設備が故障しても絶対に閉められない。三〇分以内に自分で直してお客さんに迷惑をかけない、というのを大原則にしてきました」

就業以来、彼は店のハード部分を担ってきた。だが、次第に営業面でも対応を迫られていく。時代は一九八〇年代。客足は落ちる一方だった。そんな折、近所の店が都内初のフロントスタイルに変え、脱衣室とは別にロビーを設けたと知る。

「風呂屋の原点は四国の道後温泉だ。あそこのようにお客さんがゆっくりくつろいで、コミュニケーションのできる場所が風呂屋には必要なんだよ」

その店の主の言葉が、強く響いた。

持ち前の好奇心とアイデアが湧いた。しばらくして店を改築。現在のなみのゆのスタイルを編み出した。

「銭湯が持っている本質的な機能をめいっぱい活用したい」と彼は言う。

銭湯は、年齢・性別・職業を問わず、人が集まる場である。誰もが懐かしさや温かさを感じる、人間同士のふれあいの場でもある。江戸時代以来、四〇〇年の伝統を持ち、人々から信頼もされてきた。一〇〇坪以上の土地を有した同じ業態の施設は、都内二三区の各区に今も数十軒ある。それは、どんな大企業の営業所でも太刀打ちできないネットワークなのだ、と。

とりわけ強調するのは、子どもから高齢者までを対象にした、地域福祉の拠点としての可能性だ。

「お風呂屋は最高にリラックスできる場所だからね。孤独な育児に悩むお母さんにとって、息抜きのスペースにもなるはずです。お風呂を利用して高齢者の介護・福祉サービスもできる」

さらに、銭湯は防災にも役に立つ。巨大地震が起こったとき、住民に入浴設備と飲料水を提供できるというのだ。

「一軒の風呂屋で半径一キロ、約四〇〇〇人の住民をカバーできれば、一人につき少なくとも三日に一回はお風呂に入れます。防災対策として、新たな施設を作らなくてもいい。行政のムダも省けるんです」

二〇〇二年、仲間とともに、ＮＰＯ「ライフスポットすぎなみ」を結成。「銭湯をベースにした地域コミュニティの拠点づくり」を掲げ、救命救急講習会を開くなどの活動を始めた。

「お風呂屋さんを中心にして、そのまわりで介護・福祉のＮＰＯや、地元の人たちが活動する。

そんなドーナツ型のネットワークを考えてます」

風呂屋とは、人に希望を与える仕事

同世代の男たちのことも気にかかる。会社一筋で生きてきた人に、果たして居場所はあるのだろうか。

「中高年が気軽に参加できる空間も作りたい。まずは、四三〇円[3]握って、風呂屋に来てもらったらいいんじゃないかな。大きな風呂に入れば、体も心も解放される。裸の付き合いで安心できる。いろんな人にも出会えるはずですよ」

銭湯の再生をめざし、さまざまなプランを考えている。だが、意外な言葉が返ってきた。

「俺にとって風呂屋はすべてじゃない。人生の中でおまけみたいなものなんだ（笑）」

真意を聞いてみる。

「つまり、風呂屋に執着して、そこから物事を発想しないということですよ。別の世界に常に関心を持つことが大事でしょ」

仕事に縛られがちな同世代へのアドバイスにも聞こえる。

「お風呂上がりのお客さんの顔は、店に入ってきたときとは、全然違う。こんなにも違うのかって思うぐらい、いい顔してる。少し元気になってくれたんだと思うと、うれしいよね」

「風呂屋の商売って、仕事の中身をよくよく分解してみると、八〇歳になってもできるんだよ。

週一日でも番台に立てば、『俺はここで働いているんだ』と誇りが持てる。以前、パートで来てくれていた高齢の女性も、必ずお化粧してた。『だって、店に立つんだから、恥ずかしい格好できない』って。たくさんのお金は稼げないけど、人に希望を与えられる仕事が風呂屋にはあると思うね」

（1）その後、さらに減り、二〇一六年一二月現在、六〇二軒に（東京くらしＷＥＢ「東京の公衆浴場の現況」）。

（2）「知恵の朝市」は現在、休止している。

（3）二〇一七年二月現在、東京都内の銭湯の入浴料（大人）は四六〇円。

（二〇〇六年八月＆九月取材）

〈追記〉

煙突や屋根のイルミネーション＆デコレーションは、町のシンボルとして定着してきた。「この光を見るとホッとする」と言う地元の人たち。「この鯉のぼりが見えたら、こっちに曲がるんだよ、そうしたら、おうちだからね」と小さな妹に教える小学生の女の子もいた。

試みは実を結んできた。その先を、彼は見据えている。まずは、若者の力を借りて、さらに店を活気づけたいという。

数年前、フライヤーを手がけてくれたのは、客で来ていた若いイラストレーターだった。店のテーマソングを作ったシンガーソングライターの卵もいる。タオルやTシャツ、手ぬぐいなど店のオリジナルグッズを企画し、東京ビッグサイトで開かれた「デザイン・フェスタ」にも出展した。

若者の中には低収入で、身分が不安定な派遣労働者やフリーターなどが少なくない。彼らの活躍できる場を提供したいともいうのだ。

「銭湯のブランドを使えば、若い人にいちばん足りない信用を補完できる。起業支援もできるはず」

欧米からの観光客に向けて銭湯を日本独特のカルチャーとしてアピールしようと、専用のホームページも準備中だ。

さらに、父親が五〇年前に掘り、かつて使っていた井戸を再生したい。ソーラー設備を屋根に付けて実用化したい……とアイデアは止まらない。

「『あそこに行けば、何か面白いことがある』と思えば、人は集まってくる。『ワクワクする』ことから、すべては始まるんじゃないかな」

オーガニックな庭で自然を伝える植木屋

ひきちガーデンサービス　曳地義治さん　一九五六年生まれ
曳地トシさん　一九五八年生まれ

「庭に一本の木があるだけで、鳥が来て、小さな虫が生き、クモの巣が陽光に輝き、土の中には微生物がひしめき、人間が木陰で憩うことができる。（略）生き物のつながりを体と感性で感じられる場所としても、私たちは庭をオーガニックにしていきたい[1]」

個人庭専門の植木屋・曳地さん夫妻が手がけているのは、そんな「自然のいのちのめぐる庭」だ。病虫害対策でも、化学農薬はいっさい使わない。剪定によって、風通しと日当たりを良くし、庭の生態系を取り戻す。植栽を工夫して、害を抑える。手づくりのウッドデッキや木製の収納庫などには防腐剤は使わない。

「ドアを開けて庭に降り立てば、そこは、もうワンダーランド。泥にまみれて『にわか百姓』になれるし、昆虫観察もできる。テーブルを置けば喫茶店、夜はプラネタリウムにもなる。

『庭って、楽しい場所なんだ』と感じてもらいたい」

庭は生き物たちのワンダーランド

埼玉県の西部、飯能市。その山あいに、曳地さんの自宅はある。

「仕事が休みの雨の日には、雨音を聞きながらゆったり過ごせるように」と、「雨音堂《あまねどう》」と名づけた。釘を使わない、木と土による伝統構法の二階建ての家。荒壁塗りや床張りは、自分たちで仕上げた。

小さな庭だが、そこには自然がたくさん詰まっている。

「すご〜い！　ハモグリがいっぱいいる！」

トシさんが声を上げた。葉っぱの中で生活するハモグリバエの幼虫が、葉に白い模様を描いていた。

「絵描きみたいな虫で、面白いでしょ？」

プランターには草花や雑草が生え、さまざまな虫が活動する。メダカと水草が暮らす水鉢に、チョウやハチが水を飲みにやってくる。脇の小ぢんまりとした畑では、カブなどの野菜を栽培。裏手に流れる小川には、ハヤが泳いでいた。

勧められて、一畳分の芝生が植わる「芝のベッド」に寝転がってみた。梅雨の晴れ間。鳥のさえずりが聞こえる。風が吹き抜けていく。

「ハルさん」こと義治さんが、オリジナルの野外炉を指差し、控えめに言う。

「これでお湯を沸かして飲むコーヒーがおいしいんですよ」

彼らの考える「楽しくなる庭」。それは、見た目の美しさだけではない。自然を身近に感じられる場所なのだ。さらに、使いやすさも大切にしている。

「一日のうち、どれくらいの時間を庭仕事に使えるか」。二人は客に、それを確かめたうえで、花壇の規模とデザインを提案する。庭道具や園芸資材を入れる収納庫は、すぐに取り出せる位置に設ける。ホースが短くても隈なく水やりができるよう、水場を工夫する。

高さ四〇～七〇センチの「レイズドベッド」と呼ばれるプランターを作ることもある。これなら、お年寄りや体の不自由な人がイスに座ったり、立ったりしたままでも作業ができる。

「誰もが庭仕事をしたくなる環境」に変えていくのだ。

「お客さんから『以前よりも、庭に出る回数が増えた』と言われるのが、いちばんうれしいんですよ」とハルさんは言う。

庭を手入れするとき、彼らは化学農薬や化学肥料は使わない。スペースのゆとりを持って樹木を植え、風通しをよくする。一つの種類に偏らず、多様な植栽にする。害虫に対する天敵を増やす。こうした方法で、生態系や植物の生命力、庭の地力を引き出していく。時には、木酢液やニンニクなどを混ぜ合わせた手づくりのオーガニック・スプレー（自然農薬）を撒くが、それも補助的な役割にすぎない。

「オーガニックスプレーを使うといっても、その根っこには『虫を見たくない』という気持ちがある。でも、虫がいなかったら、綺麗な花は咲かないし、そもそも植物はここまで進化できなかった。そんな自然のサイクルを大切にしたい」

こう語るトシさんも、植木屋を始めたころは、虫が苦手だった。

「目を合わせることもできなくて。見かけるとギャーギャー言って、逃げ回ってた（笑）」

しかし、この仕事を続けるかぎり、虫は避けられない。覚悟を決め、虫について調べた。わからないことがあれば、娘の高校時代の生物の教師に尋ねた。すると次第に、その魅力に惹かれていった。

「鳥に食べられないように地味な色をしていればいいのに、エメラルドグリーンにショッキングピンクの線が入ったアカスジキンカメムシとかね。効率では割り切れない姿形をしている虫がいるんです。『害虫』と思われているムカデだって、すごい毒を持ってて人を噛むことはあるけど、実はゴキブリを食べるために家の中に入ってくる。虫って、複雑で多様で、すごく面白いものなんですよ」

「向いてないいんじゃないない、やり方が違うんだ」

独立当初はオーガニックな植木屋ではなかった。造園会社の下請けで、街路樹などの管理を引き受けていた。会社からは、病虫害が発生しなくとも予防的に農薬を撒くよう強いられた。

三日間で何百リットルもの除草剤を散布したこともある。下請け仕事は収益が少ないため、効率を優先させねばならない。剪定や掃除に手間をかけるほど、赤字が増える。

「何か違うな、という思いがどんどん大きくなっていった」

ハルさんが、当時を振り返る。

「植木屋を辞めようかと悩んだこともありました。でも、『自分たちは植木屋に向いてないんじゃない。仕事のやり方が違うんだ』とあるとき、思ったんです。せっかく道具を揃えて、技術も身につけたんだから、もう一度、やりたいようにやってみようって」

二人は、若いころから無農薬野菜に親しんでいた。農薬を使わない庭づくりをめざそう。お客さん一人ひとりと、ゆっくり付き合える個人庭専門の植木屋になろう。

一九九六年。社名を「ひきちガーデンサービス」と掲げ、再出発を期した。チラシを作り、近所を一軒一軒ポスティングして回った。バブル後の不況が続く中、仕事が成り立つのか心配だった。だが、すでに植木屋が手入れをしている家を中心に、依頼はすぐに舞い込んできた。

「皆さん、頼んでいる植木屋のやり方に満足していなかったんでしょうね」

客とのコミュニケーションを密にしようと、ニュースレターを作成。庭木の手入れ方法や農薬を使わない防除の仕方などを紹介した。そして、年間およそ六〇軒の客を抱えるまでになった。六〜八月は剪定シーズンのため、休みはほとんどない。夏や冬の作業も楽ではない。雨や雪、強風の日は仕事ができず、スケジュールの調整に苦労する。

「それも含めて、楽しんで働いてます。何とか食べていけるぐらいの収入だけど、自分たちの本意にしていることが仕事になってるんだから」

二〇〇五年からは仲間とともに、「日本オーガニック・ガーデン協会」（ＪＯＧＡ）を設立。庭や街路樹、公園など身近な緑をオーガニックに維持・管理する知恵や技術を伝えていきたいという。プロの植木屋・造園業者だけでなく、アマチュアの園芸家も対象にした「オーガニック・ガーデン・マイスター講座」や、庭木の道具の使い方や剪定の教室なども行う。

「これからの植木屋は、庭を手入れするだけじゃダメだと思う。お客さんに正しい情報を提供できるインストラクターに変わっていかなきゃいけない。ＪＯＧＡを始めたのも、そういう植木屋を増やしたいからなんです」とハルさん。

でも、焦ってはいないと、トシさんは言う。

「私たち二人だけで突っ走れば、早く形になるのかもしれない。だけど、虫たちを見ていて感じるのは、多様な存在がいかに環境を豊かにしてくれるかということ。人間もいっしょだと思うんです。いろんな人がいて、ああだこうだと話し合うほうが面白いし、組織は活性化するんじゃないかって」

庭づくりで得た知恵が、二人の力になっている。

（１）曳地義治・曳地トシ『オーガニック・ガーデン・ブック』築地書館、二〇〇二年。

（二〇〇五年六月取材）

〈追記〉

ＪＯＧＡの「オーガニック・ガーデン・マイスター講座」は二〇一〇年夏から、雨音堂で開くことにした。

「オーガニックとは、余計なことはしない、余計なものは持ち込まない、そこにあるもので暮らすことだと思うんです。この家で過ごして、それを実感してもらえたら」

同講座からは、一〇〇人ほどが巣立っている。地方の客の依頼には、地元で講座修了生の植木屋がいれば紹介する。

「本当にのろい歩みだけど、人材が育っていると思います。私たちが生きている間に、全県にマイスター修了生が生まれてほしい」

庭に関する二人の著作は、七冊になった。とりわけユニークな本が『虫といっしょに庭づくり』。庭でよく見かける一四五種の虫をカラー写真で紹介し、生態や特徴などを綴っている。化学農薬で駆除するのではなく、剪定などで虫のつかない環境にしたり、草花や木を食べる虫を見つけたら捕殺するといった対処法も解説する労作だ。文章はトシさんが書いた（ハルさんはイラストを担当）。かつては虫嫌いだった彼女が、虫のとりこになり、ついに虫に関する本まで手がけたのだ。

「最近も面白いことがあったよね？」

楽しげに、ハルさんに話を振る。

「オオスズメバチが顔の前まで来て、しばらく止まっていたんですよ。まるで、僕を見ていた気がした（笑）。巣に気がつかないまま剪定していると、飛んできて、教えてくれるハチもいます。『こっちに巣があるから注意して』と言ってるみたいだった」

「『この人たちは、数少ない弁護人だから刺さないでおこう』という感じが、ハチからひしひしと伝わってくるの。虫にもコミュニケーション能力があるんですよ」

そう答えながら、トシさんが来し方を振り返る。

「実は私、昔は気が短かったんです（笑）。でも、ハルの悠然とした姿を見ていて、せっかちでは何もいいことはない、と思うようになった。植物相手、虫相手の仕事のおかげもあります。枯れそうになっている植物が、五年後には花を咲かせることがあるんだから」

思慮深いハルさんに、行動派のトシさん。互いを「心強いパートナー」と認め合う。そして、二人の間には、いつも庭がある。

第2章

暮らしから紡ぐ

「遊びの栄養士」として自宅ショップを開く

木のおもちゃ　チッタ　**横尾泉**さん　一九七三年生まれ

赤、白、青、黄の四色の玉が並ぶソロバンのようなものを、彼女は取り出した。レールの上の玉を転がし、色別に並べ替えていく。

「ここは白ちゃんのお家だから、青くんにはどいててもらおうねえ。白ちゃんは帰ってきていいよ。は〜い、ただいま〜」

玉をキャラクターに見立て、移動させる。実演している本人も楽しそうだ。

「こうやってお話を作りながら、子どもたちに見せてあげるんです。二歳ぐらいになると、自分で並べられるようになります」

「ならべっこ」という木のおもちゃ。安全な塗料を使っているため、子どもが舐めても心配はない。本の新書判ほどのサイズといった手軽さからも、人気があるという。

自宅ショップ「木のおもちゃ　チッタ」を営む横尾さん。おもちゃを販売するだけでなく、選び方や遊び方を客にアドバイスする。「おもちゃコンサルタント」という資格を持ち、児童館などで親子で遊ぶ催しを開くことも。

「子どもは、親や友だちとおもちゃで遊ぶことを通して成長していく。おもちゃとは、子どもにとって心の栄養だということを伝えたいんです」

快活な人らしく、早口で弾むように話す。保育士のキャリアがあり、二人の子どもを持つ母親である。店の名は、子育ての中から生まれた。

「上の子が初めてしゃべった言葉が『チッタ』だったんです。娘も私も『マーチったら、チッタカタァ、行進だ～』という歌がすごく好きで、一緒によく歌ってた。名前はそこから付けました」

おもちゃは心の栄養になる

東京郊外の新興住宅地。横尾さんの自宅は、このただ中にある。玄関から入ってすぐの六畳の部屋が、おもちゃ屋「チッタ」だ。積み木、こま、動物や自動車をあしらった木のおもちゃ、カードゲームなど全部で一五〇種類ほどが並ぶ。日本の作家による製品と、ドイツを中心とした欧米のものが半々。どれも子どもが体と頭を使って、主体的に遊ぶものばかりだという。

二歳になる次女の羽由《はゆ》ちゃんが積み木で遊んでいる姿を見守りながら、彼女は言う。

「積み木って、ある程度の高さになると倒れちゃいますよね。そのとき、私はこう言ってやるんです。『倒れてもいいよ、また、やり直せばいいんだから』。失敗してもいい、それは次につながることなんだって。おもちゃを通して、そういうことも伝えられるんです」
来店は予約制。同じ時間に迎え入れるのは、親子一～二組に限っている。スペースの関係もあるが、ゆっくり過ごしてほしいと思うからだ。

「お客さんには、ここにあるおもちゃを自由に使って、遊んでもらってます。実際に手に取って、気に入ったものを見つけてほしいですからね。採算を考えたら、ものすごく効率の悪いやり方なんだけど（笑）」

反応は上々だ。「子どもが遊ぶ様子を見て、おもちゃの選び方がわかった気がする」、「初めて来た場所なのに、子どもが自分の家のように遊んでいた」といった声が寄せられる。

ふすまを開け放っているため、隣のリビング・ダイニングの部屋が見える。そんな自宅ショップの佇まいと、誰にでも気さくに話しかける横尾さんの人柄も、客を和ませるのだろう。

児童館やＮＰＯが運営するスペースに出向き、親子で遊ぶ「おもちゃのひろば」も行っている。「子どもにとってのおもちゃの役割」などについて話した後、店から持参したおもちゃで遊んでもらうのだ。おもちゃを前に戸惑っている親には、遊び方を教える。たとえば、こんなふうに……。

「オーボール・ミニ」と呼ばれる、Ｏ《オー》形の穴がたくさん開いているソフトボール大のゴム状のボール。普通に思いつくのは、投げたり転がしたり握ったりして遊ぶことだろう。だが、彼女は空洞になっているボールに、スカーフを丸めて押し込んでいく。

「スカーフを一ヵ所だけ飛び出させて、しっぽのようにしたら『金魚』。左右に二つ出すと耳みたいで『うさぎ』に見えますよね。見立て遊びで想像力や創造力も育っていくんです」

「おもちゃは心の栄養」とはそういうことなのか、と膝を打った。

「店にないなら」と開業を決意

おもちゃのことを強く意識したのは、二〇〇三年、長女が生まれたときだった。店頭に並ぶ大量のおもちゃを前に、何を買ってやったらいいかわからなかった。

「自分は保育士の経験があるのに……って、すごくショックでした。もう一度、おもちゃについて勉強し直そうと思ったんです」

「おもちゃコンサルタント」という資格があることは、以前から知っていた。優良なおもちゃの普及をめざすNPO法人「日本グッド・トイ委員会」が認定するもので、おもちゃの製作・販売のコンサルティング、消費者へのアドバイスなどを担う。

「資格を取れば、子育て支援にも生かせるはず」。家事や育児のかたわら、夫に協力してもらいながら三ヵ月間の講習に通った。さらに上級の「おもちゃコンサルタント・マスター」も取得した。

講習では、木のおもちゃの魅力を知った。とりわけ気に入ったのが、「忍者」というおもちゃだった。人の形をした積み木で、横に並べたり、ドミノ倒しにしたり、高く組み上げることができる。シンプルな作りだからこそ、自由自在に何通りにも遊べる。子どもも大人も楽しめるおもちゃなのだ。

「すごく衝撃を受けました。ぜひ、これで、たくさんの子どもたちに遊んでほしいと思った」

しかし、近所で取り扱っている店は見当たらない。それなら、自分でおもちゃ屋を開こう。とはいえ、素人がいきなり店舗を借りて始めるにはリスクが大きすぎる。折しも購入が決まった家に空き部屋が一つできそうだ。ここをお店にしよう。

ところが、夫は反対した。

「せっかく買ったばかりの新居に、見ず知らずの客が来るなんて。採算が取れるとも思えない」

夫は妻を心配し、苦言を呈した。でも、彼女はあきらめなかった。夫の指摘を受けて、店のプランを何度も練り直した。時には手紙をしたためて頼み込んだ。熱意にほだされ、徐々に夫も理解してくれた。働いていたころの貯金と、足りない分は親から借り、計五〇万円ほどでおもちゃを仕入れた。二〇〇五年、自宅ショップ「チッタ」が誕生した。

子育ても仕事も、ともに楽しむ

開店して三年余り。店は純益が出るには至っていない。だが、売上金で仕入れが十分にできるまでには成長した。

「身の丈に合った経営を、これからも続けていきたい。続けることで、地域の人たちに必要とされる場所になれば」

児童館での「おもちゃのひろば」の仕事もそれまではボランティアで引き受けていたのが、ギャランティをもらえることになった。いずれは保育園や幼稚園の保護者会、産婦人科、助産院などで講演を開きたいという。

取材の途中で、長女の友良《ゆら》ちゃんが幼稚園の遠足から帰ってきた。

「仕事が立て込んでくると、この子たちとも遊べずに、つい放ったらかしになってしまって。『子育て支援』なんて言いながら、自分はいったい何をやってるんだろうと、落ち込むときもあります。でも、子どもたちは、そんな私のことをちゃんと見ているんですよね」

友良ちゃんは自分で作ったアイスクリームのカップをくっつけたおもちゃを差し出し、「これ、お仕事に持って行って、赤ちゃんと遊んでいいよ」と言ってくれた。羽由ちゃんはおもちゃのひろばに連れて行くと、参加している親子と一緒に遊ぶ。母の仕事を子どもなりに感じ、受け止めているのだ。

横尾さんは自己紹介のときには必ず「二歳と五歳の子どもがいます」と話すようにしている。「子育てをしながらでも、やりたいことはできる。たしかに続けるのは大変だけど、好きなことなら何とかやれるもんだ、ということをお母さんたちにも知ってほしい」

木のおもちゃが大好きな彼女。だが、ＷｉｉやＤＳといったコンピューターゲームも面白がって遊ぶ。食品を包む発泡スチロールのトレイに輪ゴムを何本かかけ、ギターのようにつま弾いて、わが子と楽しむこともある。

その暮らしには、〝遊び心〟が息づいている。


（二〇〇八年五月取材）


〈追記〉

彼女は母親向けの絵本の読み聞かせ講座を始めた。動物たちのスキンシップを描いた〇～二歳児向けの絵本を取り上げたとき、こんな話をした。

「人間も同じ動物だから、ふれあいが大事。小さいころにいっぱい抱っこしたり、さわってあげたりして、『肌はあったかくて、柔らかくて、気持ちいい』という感覚を子どもに伝えてほしい。赤ちゃんのころの感覚を、子どもは決して忘れません。うちの子も寝る前にこの絵本を読んでやると、安心して眠りに入っていきますよ」

参加者たちは熱心に聴き入ってくれた。子どもの心を育み、子育ての手助けになる仕事は、おもちゃだけでなく、絵本でもできると手応えを感じた。

地域のつながりを育もうと、地元で自然食品店などを営む友人たちと、手づくりのイベント「モノ・コト市」も立ち上げた。会場は、彼女の自宅やコーポラティブハウスの集会室などでそれぞれが出店する。

「子どもたちに『この地域で育って良かった』と感じてほしい。親や先生以外の大人とふれあう中で、世の中にはいろんな働き方があることを伝えたい」

「おもちゃ屋と、おもちゃコンサルタントは私の両輪。これからも両方やっていきたい」と彼女は言う。今では、夫も移動販売に付き添ったり、経理面でアドバイスをしてくれる。モノ・コト市では、子どもたちも手伝ってくれる。大好きな家族に支えられながら、大好きな仕事ができている。そのことに、彼女は感謝している。

定年後の男たちが高齢者のケアに挑む

NPO法人 ディヘルプ　**森谷良三**さん　一九二三年生まれ

定年退職した男性たちがお年寄りの家を訪ね、住宅改修に励んでいる。階段に手すりを付け、部屋の段差をなくす。障子やふすまを張り替える。庭木の剪定や草むしりから、「水道が詰まった」、「雨戸が開かなくなった」と聞けば、駆けつけることも。

千葉県我孫子市で活動している「ディヘルプ」は、いわば、高齢者の住まいの〝何でも屋〟だ。

ボランティア・グループとして立ち上げたのが一九九四年。家の中での高齢者の転倒や転落を防ぎ、安心して過ごせる住まいづくり＝バリアフリーを実践した先がけといえる。メンバー二五人の平均年齢は六七歳。これまでに取り付けた手すりは五三〇〇本、段差解消の工事は三二〇〇件にのぼる。

「『高齢者による、高齢者のための』というのがポイントでね。サービスを受けたお年寄りは『助かった』と喜んでくれるし、われわれも『役に立った』と生きがいをもらう。高齢者どうしが支え合う町にしていきたいんですよ」

最年長の八二歳で代表を務める森谷さんは、こう語る。

手すりと会話でお年寄りを支える

待ち合わせの駅に、彼は白のワゴン車で迎えに来てくれた。車体には青い文字で「NPOディヘルプ」と記されている。

「いつもこれに乗って、修理に出かけるんですよ」

軽快なハンドルさばきは、その年齢を感じさせない。自宅に案内してもらうと、書斎を兼ねた居間にはパソコンが二台並んでいた。

「毎日、夜の二時、三時まで見積書や設計図面などを作ってます。介護保険のしくみをパワーポイントでわかりやすく漫画に描いて、お年寄りに説明してあげたこともありました」

定年後すぐにおぼえたパソコンも、事業に生かしているのだ。

住宅改修の依頼を受けると、まず、その家へ下見に行く。寸法を測り、使う材料を見せる。当日の作業には、現場監督の彼を含めて四〜五人が参加。料金は材料実費と、人件費などの諸経費としてその二割をもらうのみ。工務店などの業者に比べて、格安な値段だ。「気心の知れた人たちだから、安心して任せられる」と利用者の評判もいい。

「取り付けたばかりの手すりを握って、『これで一〇年は長生きできます』と涙を流して喜ぶ人、

『手すりができたので、明日からは二階にいる主人の位牌にお参りができます』と目頭を押さえる人もいました。そんな姿を見ると、こっちも金では買えない喜びと満足感を感じるわけですよ」

作業の後には、お年寄りの話に耳を傾ける。森谷さんたちとのおしゃべりを楽しみにしている人は多いという。

「戦争中に苦労したこととか、ご夫婦で行った海外旅行の思い出とか、みなさん、目を輝かして話します。いつのまにか背筋がシャンとする人もいる。もう誰にも聞いてもらえないと思っていたことを話せた喜びがあるんでしょうね。手すりが体を支えるものなら、会話はお年寄りの心を支えるものなんです」

ボランティアが定年後の自分を変えた

森谷さんは、千葉県のＮＰＯ活動推進委員を務めるなど、行政からは市民活動のリーダー的存在として一目置かれている。知事や市長とも渡り合い、持論をぶつける。

「市民税の一部をＮＰＯ支援にまわす自治体が出てきてるでしょ。ところが県はなかなか腰を上げない。だから、最近は委員会でも、私は文句ばっかり言ってるんだ（笑）。『そんなにあわてなさんな』と他の委員には諭されるんだけどね、『こっちは老い先短いんだ。のんびりしてられるか！』って（笑）」

気風の良さは生来のものだろう。国鉄（当時）職員時代は、京浜東北線・大井町駅などの駅長を歴任。労働組合の活動にも奔走した。

だが、そんな彼も、定年後の暮らしは空しかったと振り返る。

「退職に備えて、中小企業診断士やボイラーマンなど資格をたくさん取ったけど、生かせる場所がない。どこに行っても、『もう、お歳ですから』と断られた。通信教育で絵や彫刻を習っても、残ったのは駄作ばかり。仕事のやりがいに比べて、何もかもつまらなく思えた。『朝刊を三回読んでもまだ一〇時』なんて川柳を詠んでました」

ある日の夕方。近所を散歩していると、たまたま通りがかった家の垣根に、紙切れがぶら下がっていた。「婆さん、枝が邪魔だから切れ」と記されていた。

「なんて、むごいことを書くんだ。こんなことを書くその手で、なぜ枝の一本も切ってあげないんだ」

翌日、その家に出かけ、枝の刈り込みをした。一人暮らしのおばあさんは泣きどおしだった。「歳をとることは悲しいことです。世間様にご迷惑ばかりおかけして」、と。

社会から疎外され、孤独と不安を抱えるおばあさんの姿。自身にも重なって見えた。そして、はたと思った。

「高齢者どうしで励まして、助け合っていけばいいじゃないか」

妻と二人でボランティアを始めることに。「近所づきあいの先輩」である妻が、お年寄りから要望を聞いた。電球の取り替えや、庭木の剪定、排水溝の掃除。「ハチの巣を取り除いてほしい」、「猫の死体を片づけてほしい」といった声にも応えた。

「みなさんの喜ぶ顔がうれしかった。人の役に立つって、なんて気分がいいんだと感じました」

ボランティアもすっかり板についたころ、厚生省（当時）は「高齢者住宅のバリアフリー化」を打ち出した。転倒・転落などによる家庭内事故で亡くなる高齢者が増えていたのだ。しかし、工事費がかかることから、改修の動きはなかなか広がらない。

お年寄りの家を訪ねる中で、彼もこのことには心を痛めていた。市の協力を得て、九四年、広報で住宅改修ボランティアを募る。「定年退職した男性で、日曜大工の好きな方、いっしょに参加しませんか」と呼びかけたところ、五人が加わってくれた。

「自分たちの町は自分たちで作ろう」と、グループの名前は「ＤＩＹヘルプ」（ＤＩＹ＝ＤＯ　ＩＴ　ＹＯＵＲＳＥＬＦ）に。市から得た一三〇万円の助成金で、工具など必要なものをそろえた。だが、当初は「素人大工に何ができる？」と言われたこともあった。

「手すりをつけるのにも苦労しました。壁にネジがうまく入らなくて、穴ばっかり開けてね（笑）。材料選びでホームセンターにもずいぶん通った。『とにかく、高齢者の家庭内事故を減らしたい』と思って、雨の日も風の日もやってきたんですよ」

森谷さんたちの熱意。材料費と、人件費一人あたり一日三〇〇〇円という破格な値段。高齢者どうしの気兼ねのなさ。それらが相まって、利用者は徐々に増えていった。

人情味のある「ふるさと」を

しかし、時を経るにつれ、ボランティアを続けることのむずかしさに直面する。財政的な問題だ。依頼が増すごとに、ガソリン代など経費がかさむ。各自の持ち出しに頼らざるを得ない。メンバーの中には三〇〇円の報酬に飽き足らず、辞める人も出てきた。給料をもらって働いてきたサラリーマン時代の習慣から抜け切れないのだ。

「いっそのこと、解散しようか」

結成して五年目（一九九八年）を迎えた春、彼は半ば覚悟した。だが、折しもこの時期、NPO法（特定非営利活動促進法）が成立する。ボランティア団体からNPO法人になることで、組織崩壊の危機を乗り切れないか。アメリカをはじめ海外のNPOについて勉強した。

「これならメンバーも法人の職員としての自覚が持てるはずだ。行政や企業の協力も得られやすい」と確信。さっそく申請し、九九年、市内で二番目のNPO法人として認められた。

彼のリーダーシップのもと、メンバーの意識は確実に変わっていった。今まで以上に、一つひとつの仕事に責任を持って、取り組むようになった。介護保険法が施行され、同法の住宅改修事業者に参入できたのも大きかった。財政的にも目途が立ち、報酬は一日三〇〇〇円を支給できるまでに。

とはいえ、彼は「まだまだです」と先を見据える。

「税金も保険料も、これから上がっていくでしょう。老後は年金だけで暮らせなくなるかもしれない。生活の足しにしてもらうには、朝から晩まで働いて少なくとも一日五〇〇〇円を払えるようにしたい」

そのためにも、事業を広げていくつもりだ。お年寄りからの要望が多い床の張り直しにも取り組む。我孫子市だけでなく、千葉県全体をエリアにし、シニア・ベンチャーとして発展させていきたいという。

「でも、なかなかビジネスライクに割り切れなくて」と苦笑する。

「弱々しいお年寄りに仕事を頼まれると、ついつい値段をまけちゃうんだよ（笑）。困ってる人を見ると、頼まれもしないのに助けたくなる。でも、それが私の活動の原点だから、しょうがない」

地域への思いは強い。

「ふるさととは、人の心の中にあるものだと思うんです。人情味があって、毎日を安心して暮らせる住みよい町。生涯を振り返って、ここで過ごしてよかったと誇りが持てる町。私は、そういう〝ふるさと〟をつくりたいんですよ」


（二〇〇五年一〇月取材）

〈追記〉

「今日も午前中、あるおばあさんから久しぶりに、電話がかかってきた。二年前に草刈りに行ってからのつきあいなんだけどね。えらく細い声で話すから、『どうしたの？』と聞いたら、『ここ二〜三日、具合が悪くて寝てるのよ』って。心配になって、近所のメンバーに様子を見に行ってもらったの」

「奥さんを亡くした人が『家内と食べに出かけた店を思い出すんだよ……』と寂しそうに言うから、いっしょにその店でメシを食って、励ましたことがありました。損得別にした、そういう心と心のふれあいって、いい気がするんだよ」

気さくで、親身な森谷さん。行政に物申す姿勢も変わらない。

「我孫子も商店がすっかりなくなっちゃった。高齢者が多くなって、〝買い物難民〟が増えてきた。だから、この前、市長に掛け合ったんですよ。『部落ごとに週一〜二回、青空市場のようなものを開いたらどうか』って」

「ＮＰＯとは、市民が困っていることを行政に訴える存在だと思うんです。同時に、行政が困っていることは補っていく。官民が胸襟を開いて話し合いながら、問題解決に向けて協働していくべきでしょうね」

＊　＊　＊

森谷さんは、二〇一五年九月に亡くなった。享年九二歳。地域の高齢者の暮らしを支える「お助けマン」として、二〇年以上、尽力してきた後半生だった。

東日本大震災直後のディヘルプの活動を、森谷さんが書き残している。

「平成二三年三月の東日本大震災の発生を境に『お助けマン』を要請する声が増加してきました。お伺いしたお宅の多くは、地震によって家具は倒れ、荷物は部屋いっぱいに散乱していました。雨戸が開かなくなり、電灯が点かず、テレビも見られない状況です。ガス暖房器具を使用できない中で思案に困っている高齢者の姿を見たとき、一日も早く元の生活に戻してあげたいと誓ったものです。

そして始まった『お助けマン』の仕事は、倒れた家具の復旧、散乱した荷物の整理、電気の復旧工事、配線の故障で見られなくなったテレビや聞こえない電話機の修理、電球の取り換え、開かなくなった玄関ドアーや雨戸の修理等を行ったのです。こんな作業は地震から約五〇日間、毎日のように続きました。また、工事に訪れた近くの高齢者宅を訪問して、その安否を確認して勇気付けをしました。訪問した高齢者は異口同音に『地震の時は怖かったです、布団をかぶって震えていました』『相談をする人も無く余震が来るたびに〝助けて〟と叫んだものです』『こんな時に来てくれた貴方たちは地獄に仏のようです。これで明日から元気になれます』と涙をいっぱい溜めながら感謝してくれました。

『相互扶助』という言葉はよく聞かれますが、災害時にこそ発揮されるべきであり、特に体力の衰えた高齢者に惜しげなく手を貸すことが必要なのです。それがいつか来る『老い』を迎えたとき、相互扶助の『明るい高齢社会の構築』の根底になると信じています」

ディヘルプは山根修さんらこれまで運営を担ってきた人たちが後を継いだ。森谷さんの志を胸に、これから進む超高齢化社会に向けて、さらに輪を広げていきたいという。

手作りほうきを復活させ、伝統を伝える

株式会社　まちづくり山上　柳川直子さん　一九五三年生まれ

「これが長柄ほうき（柄の長いほうき）のパーツになります。全部で九つ束ねて、柄となる竹につなげば、一本のほうきができるんです」

材料は、ホウキモロコシというイネ科の植物。職人が自在に仕上げていく。数十センチの穂を、手でひとつかみ選ぶ。綿糸と針金でそれらを束ね、茎でくるみ、折り返す。さらに、茎の部分を綿糸や針金で編む。時折、木槌で穂を叩き、しなやかにする。すべてが手作業だ。

柳川さんが職人の技を説明しながら、幼時の思い出を振り返る。

「職人さんが一〇人から一五人ぐらいバーッと工場《こうば》に並んでね、朝から晩までトントントントンって、木槌の音が聞こえてたなあ」

神奈川県愛川町中津。かつて、ここは「ほうき村」と称されるほど、ほうき作りが盛んだっ

た。明治維新のころ、柳川さんの先祖・常右衛門《つねえもん》さんが、この地に技術を伝えたといわれている。昭和初期には年間五〇万本を生産、東京や大阪、中国（当時の「満州」）などに出荷していた[1]。

柳川家は大正時代にほうき屋を開業、最盛期には十数人の職人を抱え、京都、大阪にも支店を出した。ところが、戦後、高度成長期を迎えると、電気掃除機の普及など生活様式の変化に伴い、需要は激減。ほうきは、すっかり廃れてしまった。店は昭和四〇年代に暖簾を下ろした。

「でも、ほうきって、電気を使わなくて、環境にやさしい道具でしょ。手作りのほうきは、一〇年以上はもちます。見た目も美しいし、インテリアにもなる芸術作品だと思うんです」

彼女は伝統ほうきの再興を期し、二〇〇三年に起業。株式会社「まちづくり山上《やまじょう》」（以下、山上）を立ち上げた。ほうきの製造・販売とともに、ほうきの文化を伝え、若い職人を育てていきたいと話す。

「この家に生まれた使命というか、宿命なのかな。『ほうきのことを忘れないでほしい、形に残しておきたい』という気持ちが強いんです」

「思い立ったときに始めなきゃ、二年や三年はあっという間に経っちゃいますからね。息子には『思いついたことは、何でもすぐに口に出すんだから』って、よく叱られるんだけど（笑）」

ほうき屋の六代目女主人は、飾らない言葉で胸の内を語った。

「すべてが手仕事」の持つ力

穏やかに晴れた晩秋の朝、自宅を訪ねた。山と川を間近に望む閑静な集落。しばらく通りを歩くと、右手に蔵が見えた。

「市民蔵常右衛門」

彼女たちが営む、ほうき博物館だ。鉄筋コンクリートの二階建て。関東大震災後の昭和一〇年（一九三五年）に曽祖父が建てたものだという。ほうき屋初代の名前と、市民主体の意を込めて、名づけた。店を廃業してから物置になっていたこの蔵を改装し、ギャラリースペースに生まれ変わらせた。

木をふんだんに使った空間。壁には中国、タイ、トルコなど世界各地のほうきが展示されている。どれも彼女が現地を訪ね、集めたものだ。

「ほうきは魔除けにも使われていました。『妊婦さんのおなかを、ほうきでなでると安産になる』といった言い伝えもたくさん残っています」

自社で作っているほうきも並ぶ。部屋を掃くときに使うもの、卓上の掃除に便利なもの、パソコンのキーボードのほこりを取るもの、携帯電話のストラップとして飾るものなど、長さや大きさはさまざまだ。

「丈の短いものから、細いものまで、草は捨てずに全部使ってますからね。結果的にいろんなサイズのほうきができるんです」

材料のホウキモロコシは、近くの畑で自分たちの手で栽培している。安全安心な上質の草でほうきを作りたいと、無農薬で育てている。

通常、五月に種を蒔き、七月中旬から収穫を迎える（種を採る場合は、実が熟するまで収穫を待つ）。収穫した穂は足踏み脱穀機で脱穀し、天日干しにして保存する。その後、穂を長さや太さ、状態などによって選別する。

山上オリジナルの品を手に取ってみた。軽くて、掃き心地がよさそうだ。毛先が柔らかく、肌ざわりがいい。

「私たちはほとんど穂を切らないし、加工もしません。だから、しなやかで、あたりのいい草本来の特性が生かされるんです」

「ほうきって、こんなに美しかったんだ」

ほうき作りに携わっているのは全部で六人。往時には職人として生計を立てていたものの、産業の衰退とともに転職、最近になって再開した人。ほうきの魅力に惹かれて山上に入社し、京都のベテラン職人から手ほどきを受け、技術を身につけた美大出身の若者。別に仕事を持ちながら、取り組む人もいる。柳川さんの長男・勇輔さんもその一人である。

だが、彼女自身は作らない。「やってみたけど、情けないほど下手くそだった。私には向いてないことがわかったから」と笑う。

「若い職人が育ってきました。曲がった流木を柄にしたり、草木染めの糸を使ったりして、独特なほうきを作る人も出てきた。それに対して、高齢の方には、若いころに鍛えた腕がある。作り手によって違いがあって、面白いんです」

しかし、子どものころは、家業が好きになれなかった。

「朝から晩まで、みんな忙しく働いていて、全然相手にされなかった。サラリーマン家庭がうらやましかった。うちの家なんか古くてぼろいのに、彼らは応接間のある新しい家に住んでいたから。車といえばオート三輪だと思っていたのが、スバル三六〇に乗ってるんですもん」

昭和三〇年代。世の中は高度成長に突き進んでいた。時代の波には抗えず、やがて店は幕を閉じる。ほうきからは次第に縁遠くなっていった。

ところが、数年前のある日。暖簾分けした京都の職人から突然、ほうきが送られてきた。色とりどりの糸で編まれ、漆塗りの柄が付いていた。その姿に息をのんだ。

「ほうきって、こんなに美しいものだったんだ。このまま埋もれさせておくのはもったいない。私がやらなきゃ誰がやるんだ、と思ったんです」

まずは自分の足元からと、物置になっていた蔵の片づけにとりかかった。ほうきの歴史を知るべく、かつての職人から話を聞き、文献調査にも奔走した。蔵の整理をするうち、そこはモダンな佇まいを持った文化的価値のある空間だと彼女は気づく。二〇〇四年に蔵を改装、ほうき博物館として、また市民のためのフリースペースに活用したいと考えた。

それに先がけ、株式会社「まちづくり山上」を設立。この地域を支えてきたほうきの技術や文化を伝えて、町づくりにつなげたい。願わくは、ほうき産業が復興できれば――。政策や起業を学ぶ学校に通う中での決断だった。

「会社を始めたことには、家族は反対しませんでした。『よくやるなあ』とあきれてましたけど（笑）」

その後、大学院に入学し、学芸員の資格を得た。在学中に、ほうきをテーマにした展示を企画。そこで知り合った若者たちが今、山上で働いている。ホウキモロコシの栽培は、かつての職人に分けてもらった、ひと握りの種を蒔くことから始めた。

事業は形を整えつつある。デパートの催事やエコ関係のイベントなどに出店し、実演販売を重ねている。手作りの一点物のため、ペンサイズでも価格は一〇〇〇円以上だが、ニーズは着実にあるという。

「どちらかといえば、前に出るよりも二番手でいるほうが好きなんです」

ほうきを後生に伝える役回りを、担っていくつもりだ。


（二〇〇九年一一月取材）

（1）『アサヒグラフ』一九四一年四月一六日号、朝日新聞社。

〈追記〉

あたり一面を、セミの鳴き声が覆っている。蔵の向こう側、庭に行くと、炎天下、柳川さんたちがホウキモロコシの天日干しにいそしんでいた。長い竹を二本平行に地面に置き、その上にホウキモロコシを一本一本、並べていく。

「今朝、収穫したばかりのものです。刈るときも、一本ずつ手でちぎるんですよ。原始的でしょ」

噴き出る汗を拭いながら笑う。

畑を新たに三ヵ所借りたことで、収穫量は格段に増えた。

「今までは草が足りなくなって、ほうきが作り切れなかった。どこまで、自分たちでほうきができるのか、ある意味、実験です」

長男の勇輔さんは山上の仕事のかたわら、東京造形大学で助手を務め、二〇一〇年からは同大の大学院でホウキモロコシを使った講義をしている。講義名は「伝統産業の再生と製品開発」。美術科やデザイン科の院生を対象に、ホウキモロコシの種まきから収穫、ほうき作りまで行い、作品を手がけていく。

「別に、ほうきを作らなくてもいいんです。草から繊維を取り出して服を作ってみたり、染色の材料にしてもらっても構わない。僕もここ何ヵ月間か、卓上ブラシができないか、ずっと考えてるんですよ」

素材としてのホウキモロコシ。その新たな可能性を、工業デザインの視点でも探っていきたいという。

「古きを尊び、装いを新たに」

柳川さんたちは、このモットーを掲げて歩んでいく。

＊勇輔さんは二〇一二年まで東京造形大学の助手として在任した後、現在は山上の取締役を務め、ホウキモロコシの栽培や、一部の商品の制作にも携わっている。

家庭の味を込めたおにぎりで商店街に「縁側」を

おにぎりの小林　小林　武夫さん　一九四〇年生まれ
小林知都子さん　一九四三年生まれ

本の街、東京・神保町。古書店が並ぶ界隈に、「神田すずらん通り商店街」がある。全長およそ二六〇メートルの通りには、書店とともに、老舗の画材屋や和菓子屋、餃子専門店が軒を連ね、落ち着いた雰囲気を醸し出している。

そして、ここには「家のような」おにぎり屋がある。店の名は「おにぎりの小林」。おかか、梅、明太子といった定番ものから、塩さば、とんかつまで、全部で一五種類。

「子どもを遠足や運動会に送り出すとき、お母さんがおにぎりを作るでしょ。それと同じ気持ちで毎朝、握ってるんですよ」

夫婦で切り盛りするこの店を、誰もが気軽に立ち寄っておしゃべりできる「商店街の縁側」にしたいと、二人は考えている。

「お客さんは家族といっしょ」

有明海の海苔に、沖縄の天然塩、米は東北や北陸のコシヒカリと、素材は厳選したものばかり。ガス釜には米を少なめに入れて、炊いているという。

「何度も炊くのは手間がかかるけど、ふっくらしたごはんを食べてもらいたいから」

だから、一粒一粒の米粒が立っていて、美味なのだ。

仕込みは、毎朝五時半に始める。具は具材屋から調達しているが、客の口に合うよう、改めて調理し直す。鯖や鮭は、切り身で売られているものは使わない。武夫さんが築地の市場で一匹まるごと仕入れてきて、店でさばく。

魚の焼き方にもこだわる。網は業務用でなく、家庭用のものを使うのだ。

「どちらでやっても、そんなに味は変わらないかもしれない。でも、この網のほうが温かみが出る気がしてね。『家族に食べてもらうんだ』と思って、作れるんですよ」と知都子さん。

そんな家庭的な雰囲気が人を引き寄せるのだろう。売上は一日に三五〇〜四〇〇個にのぼる。通勤前、朝食用にとサラリーマンが立ち寄り、お昼時にはＯＬが店に並ぶ。

「一度でも買ってくれた方のお顔は、おぼえてます。『この人は、鮭がお好きだったな』、『こちらの方は、焼きたらこと、ごまこんぶ』って。だから、お客さんが注文を言う前に、『はい、鮭ですね！』なんて、ついつい声をかけちゃうのよね（笑）」

おいしさの秘訣を教えてほしいと、若い女性客から尋ねられることも。

「『お米を炊くときには、電気釜とガス釜とどちらがいいですか？』と聞かれると、こう答えるんです。『それぞれの良さがあるから、どっちがおいしいとは言えないよ。この人のためにおいしく作ってあげたい、という気持ちが大事なのよ』って」

一人ひとりの客を思い浮かべながら、毎日、握っているのだ。

手づくりの美味さが人気を呼んだ

おにぎり屋を始めるまでは、ずっと果物屋を営んでいた。武夫さんの父が、八百屋だった実家の暖簾分けとして、戦後すぐに始めたものだ。武夫さんは高校を卒業すると、店の仕事に就く。昭和三〇年代のことだ。当時、店は活気があったという。

「夜の一二時ごろまで開けてると、酔っ払ったお父さんたちが、お土産によく果物を買っていってくれたものです」

だが、スーパーマーケットの進出とともに、多くの個人商店同様、売上は落ちていった。

「宅配便が普及したことも大きかった。あれで、みんなが重い物を持ち歩かなくなったでしょ。スイカをまるごと一個なんて、とても売れなくなりました」

何とかせねばと、果物に加え、サンドイッチを仕入れ、店に並べた。当初は売行きも上々だったが、やがてコンビニができると厳しくなった。武夫さんが店を守り、知都子さんは副業にいそしむ日々が続いた。彼女は幼いころから父親に教わって身につけた書道の腕を生かし、表彰状や感謝状などを書く仕事を個人で請け負い、家計を支えた。

ところが、しばらくして武夫さんの母が認知症になってしまう。介護もしなければならない。店のことは疎かになった。

「毎日、閑古鳥でね。掃除をする余裕もなくて、店は倉庫みたいになってました。たまにお客さんが来てくれても、母の世話で店に出られないこともあった。もう、どうしようもできないと途方にくれてました」(知都子さん)

せっぱつまって、彼女が電話した先が、故郷の福岡で海苔会社を営む甥だった。

「店はつぶれる寸前だ」と切り出すと、「おにぎり屋をやってみないか」という言葉が返ってきた。

「『何をバカなこと言ってるの！　お米をたくさん、といだことのない人間にできるわけないじゃない』と、ずっと突っぱねてました。でも、『素人だからこそ、いいんだ。僕が全部、準備する』って。あれよあれよという間に、改装工事に入ったんです」

開店の準備が進む中、二人は不安が消えなかった。業務用の冷蔵庫は九〇万円ほどかかった。改装費や食材の仕入れ代もかさんでいく。

「こんなにお金をかけて、うまくいくのだろうか」

同時に、あとには引けないとも思った。

「『その歳で店を開いて大丈夫？』と、まわりからは言われました。だけど、体力には自信があったんですよ。二〇年以上、ほとんど毎日、皇居を一周、ジョギングしてたから」（知都子さん）

「最初は海苔に裏と表があることさえ知らなかったけど（笑）、おにぎりの作り方や材料の仕入先まで、甥が手取り足取り、教えてくれましたしね。『困ったことがあったら、いつでも電話してほしい』と言ってくれたのも心強かった」（武夫さん）

こうして二〇〇三年、店は「おにぎりの小林」として生まれ変わった。縁起を担ぎ、開店日は一一月一一日の午前一一時一一分。甥をはじめ海苔会社のスタッフが応援に来た。銀行員で、接客に慣れている長女が、客をさばいてくれた。店の看板は、イラストが得意な次女が作った。小学生になる孫が書いた店の名と、おにぎりの絵も掲げた。そして、おしながきと、おにぎりの札の字は、知都子さんが得意の筆で綴った。

手づくりのおいしさが好評で、売上は一日に五〇〇～六〇〇個。予想をはるかに超えた。二人で作り切れず、その後は作る数を減らすほどだった。たくさん売ることが目的ではない。心から納得できるものを作って、客に喜んでほしい。そう考える彼らにとって当然の選択だった。

おにぎりを通して、人と街をつなげたい

店構えにもこだわった。くつろげる場所にしたいと、映画『男はつらいよ』で寅さんが立ち寄った食堂のイメージに仕立てた。小さなカウンターを作り、客に請われれば店内で食べてもらっている。

自動販売機を置いてほしいと営業マンがやって来たときには、武夫さんは断った。「黙って物が買えるのは便利かもしれない。でも、それが日本人の心をダメにしている気がするんだよ。『いらっしゃい』とこちらが声をかけて、お客さんに注文を言ってもらう。僕は、そういう対面販売と言葉のコミュニケーションを大切にしたいんだ」

こんな話もある。毎朝、梅のおにぎりを買いに来る初老の男性がいた。彼はいつも「梅」と注文すると、あとは何も言わず椅子に座り、そそくさとおにぎりを食べ、帰っていった。ところが、ある日、武夫さんがラジカセで石原裕次郎の曲を流していたところ、「実は僕もこの曲が好きでね、カラオケの十八番なんだよ」。笑みを浮かべて、しゃべり出した。以来、親しく話すようになったという。

新潟から働きに出てきた人が「東京に来て、初めて自分の家でごはんを食べた気がした」と喜んでくれたこともある。

商店街の活性化にも積極的に取り組む。知都子さんは近所の中華料理店の奥さんから「商店

街をもっときれいにしたい」と誘われ、「街路美化委員婦人部」を結成。毎月一日の早朝、清掃作業に励んでいる。「浅草の女将さん会のようになれば」という。

武夫さんも長年、町会の役員を務め、お祭りなどの行事に奔走する。

「近くに再開発ビルが建ってから、利害関係の違いもあって、町会の団結が落ちてきた。昔のように和気あいあいとした町を取り戻したい」

できれば、この店が「町の縁側」のひとつになってくれればと、知都子さんは言う。

「店を大きくしたいなんて、全然思わない。それよりもお客さんのために、もっともっと工夫したい。『あったかいのり弁が食べたい』と言う方がいるから、そのうち作ってあげたいし。何よりも、そうやってお客さんがリラックスして、私たちに話しかけてくれることがうれしいんですよ。これからも『わが家に帰ってきた』と思ってもらえる店でありつづけたいですね」

（二〇〇六年五月取材）

〈追記〉

神田すずらん通りは近年、様変わりしている。老舗が暖簾を下ろし、ファストフード店が増えた。とはいえ、かつての面影は残っている。

武夫さんが古い本を見せてくれた。

『東京都千代田区商工名鑑１９５１』

一九五一年（昭和二六年）当時の、商店や工場の名簿だ。「家庭金物」の欄に「小林商会　小林卯三郎」と記されている。武夫さんの父親である。店の業種は「果物金物小売」となっている。

「終戦直後は物が少なくて、果物だけでは午前中で商いが終わっちゃったそうです。だから、親父はヤカンなど金物も扱ってたんでしょうね」

親子二代にわたって、店を守ってきたのだ。

最近はお客さんを、自分の娘や孫のように見るようになったと二人は言う。

毎朝来る中年の女性客がいた。彼女はいつも無表情で寡黙だった。それが少し心配だった。ある日、おにぎりを買いに来た彼女に、武夫さんが「初物ですから、よかったらどうぞ」と、サクランボを二、三個手渡した。すると、「わーっ、うれしい！」と声を上げて、微笑んだ。

知都子さんは言う。

「この頃は、妊娠しているお客さんも増えました。子どものためにも、できるだけ自然のものを食べたいって、来てくれると思うのよ。『ゆっくりお茶でも飲んでいったら？』、『買わなくてもいいのよ、ここで休憩していってもいいよ』と声をかけています。少しでも人助けになればと思ってます」

障がい者のアートに出会う美術館

NPO法人　もうひとつの美術館　**梶原紀子**さん

「現代アートと同じ、またはそれ以上に強烈な生命力やエネルギーを感じる作品を選んで、展示しています。まずは、実物を見てほしい。その後で、『障がいのある人たちの作ったものだったんだ』と思っていただけるのが、いちばんうれしい」

主にハンディキャップを抱える人たちの作品を常時、展示する全国初の美術館、「もうひとつの美術館」。福祉という括りではなく、アートの広場なのだと梶原さんは言う。

栃木県東部の馬頭町（現・那珂川町）。里山に囲まれた集落が、点々と続く。あたりは静寂に包まれている。

バス停から歩くこと一五分。廃校になった小学校の木造校舎二棟を再利用して作られたのが、「もうひとつの美術館」である。明治・大正時代に建てられた校舎。四つの教室は展示室に、理科室は厨房と売店に、そして、職員室と放送室はギャラリー＆カフェ「Ｍ＋ｃａｆé」に、それぞれ生まれ変わった。

里山の木造校舎を美術館に

訪れたときは、企画展「両毛からコラボレート！　絵の具とポケットいっぱいの空」が行われていた。群馬、栃木・足利在住の五組のアーティストの作品が並ぶ。

現代アート作家の父と障がいを抱えた娘が合作した、布&織物による大小さまざまなポケット。青空に舞う飛行機の絵二〇〇枚ほどを、数メートル四方の布に貼りつけたもの。子どもやペンギンをクーピーで力強くデフォルメしたもの。バスや鍋料理などを実物以上の多彩な色で表現した絵もある。

どの作品も、解放的でダイナミックだ。生命力を感じる。

「やっぱり、みんな、素直だからですよ。『うまく見せよう』なんて、全然思っていないんです。ただただ自分の楽しみのために、自分が納得するためにつくってるんです」

放浪画家・山下清を想起する話である。だが、ともすれば、それは一個人の物語として受け止められてきた。人々が障がい者の作品に接する機会は少なく、偏見も伴っていた。

「発表の場を作ることで、障がい者と社会との間の見えないバリアを解きほぐしていきたい」とも、彼女は考えている。

活動のメインは、春・夏・秋の年三回の企画展である。これまでに、ネパールと日本の視覚や精神的ハンディを持った人たちの作品、自閉症成人施設のアトリエから生まれた作品などを展示してきた。いずれも梶原さんが各地に足を運び、よりすぐったものばかりだ。

入館者は年間三五〇〇～四〇〇〇人。感想用のノートに綴られた言葉が、この美術館の魅力を語っている。

「作品と場が強く呼応し合っているような感じがあり、身震いした」（二〇代男性）

「入った瞬間に木の古いかおりがして、おばあちゃんの家を思い出しました」（二〇代女性）

「生きる〝楽しさ〟を教えてもらった、ありがとう」（五〇代女性）

梶原さんは言う。

「ここは里山の元小学校校舎だし、教室が展示室になっている。『アートは敷居が高い』と尻込みする人が多いけど、かなり親しみのある空間だと思うんです。作家の親御さんもよくおっしゃいます。『同じ絵でも東京の画廊で展示するのとは全然、表情が違う。ずっと柔らかくなる』って」

築一〇〇年を超す木造校舎という場の力。額装や照明、レイアウトなどもセンスがいい。梶原さんの本業は建築デザイナーなのだが、その仕事も生かされている。

自閉症のわが子からの「出会い」

彼女が初めて障がい者の作品に出会ったのは、自閉症の切り絵作家・上田豊治さんの展覧会だった。もともとアートが好きで、美術館にはよく通っていたが、このときの衝撃は格別だったという。

「エネルギーがすごかった。ハンディを持っている人は、こんなにも豊かな感性を持っているのかとショックでした」

次男が産後しばらくして自閉症とわかり、子育てにずっと悩んでいた。「でも、上田さんの作品のおかげで前向きになれた」と当時を振り返る。

「真っ暗な長いトンネルを少し抜けたような気がしました。息子の感性を大事に育てよう、今までの生活を根本から見直そうと思った」

自閉症の療法には山歩きがいいと知り、東京の都心部から引っ越した。彼女も夫も以前から田舎暮らしを望んでいたため、迷いはなかった。一九九八年、里山が残る馬頭町に転居。次男の症状は、次第に落ち着いていった。

その後も、障がい者の作品を精力的に見てまわった。障がい者の可能性に光を当て、彼らの芸術活動をサポートする「エイブル・アート・ムーブメント」＝「可能性の芸術運動」と呼ばれる取り組みにも出会った。九五年から「日本障害者芸術文化協会」（現エイブル・アート・ジャパン）が提唱したこの運動には、既存の芸術や社会を見直すというモチーフが貫かれていた。

「一つひとつの作品にももちろん感激したけど、いろんな地域で創作活動が行われている、しかも私たちが作品に触れるまでにアートボランティアなど実に多くの援助者がいることを知りました。自分も作家をバックアップする側になりたいと思った」

折しも、町では過疎化と少子化で小学校の統廃合問題が浮上していた。

地元の人たちに親しまれてきた木造校舎が、取り壊されてしまう。まだまだ使えるのに、もったいない。障がい者の作品を展示する美術館をつくろう。町の新しい文化の拠点として再生できるかもしれない。

彼女は会う人、会う人に協力を求めた。

そして、二〇〇〇年七月。町にかけあい、その春、廃校になった小学校を借りて、二週間の展示会を企画。展示は好評で、美術館設立のための準備会会員は一気に一〇〇人に。町からも実績が認められ、翌年には建物の管理を条件に、無償で借りられることになった。開館までの準備には、会員をはじめ多くの人がボランティアで駆けつけた。

「電気工事以外は全部自分たちでやりました。黒板を外したり、壁をペンキで塗ったり、天井板をはがしたり。おかげで改装費は七〇万円ぐらいで済みました」

二〇〇一年八月、オープンにこぎつけた。

「既成の美術界の範疇に入らない人たちの作品、ほかの美術館では展示しない作品を紹介したい」

彼女がつけた名前は、「もうひとつの美術館」だった。

よそ者だからできる町おこしもある

とはいえ、事業として成り立っているとは、まだ言いがたい。受付や売店、展示の準備などはボランティアが担っている。

「本業だって大変なのに、よくやるよなって、自分でも思います（笑）。でも、ハンディを持った人の作品から、エネルギーをたくさんもらうんですよね。それを、みなさんにも感じてほしいという思いだけで続けています」

地元の人たちにアートに親しんでもらおうと、絵画・粘土・音楽・ダンス・書などのワークショップも開催。町と協働し、美術家を講師に招き、東京藝術大学の学生と地元の参加者がいっしょになって、同町をロケ地にしたビデオドラマもつくった。

「町のお蕎麦屋さんやおすし屋さんの息子さんたちも参加してくれました。ビデオの制作を通して、『自分たちの町には、そして自分自身にはこんなにいいところがあるんだ』と感じてもらえたと思う」

町には同館のほかに、「いわむらかずお絵本の丘美術館」、「馬頭町広重美術館」（現・那珂川町馬頭広重美術館）もある。

「人口一万数千人の小さな町に、三つも美術館がある。これも町の誇りだし、〝アートの町〟として打ち出せば、いろんなところから観光に来てくださると思うんです」

町への思いを語りつつ、自分は根っからの住民ではない、よそ者にすぎないと自覚している。反面、「よそ者だからできることがある」とも。

「都会から来た人間が感じるこの町の良さ、美しさを地元の人に伝えたい。確かに辺鄙なところだし、買い物だって多少不便だけど、朝は鳥の鳴き声で目覚めたり、風や雨の音を聴けたり、空が広く見えたり、きれいな空気を吸えるのは、とっても贅沢なことなんだと再発見してもらいたい」

アートと福祉と自然環境をつないで、町おこしになれば——。

「こんなに素晴らしい景観を残してきた町なんだから、きっとできるはずです」

（二〇〇五年三月取材）

〈追記〉

二〇〇八年に開いた「第一回なかがわまちアートフォレスタ２００８」は、美術館の展示を見たことのない地元の人や、たまたま町を訪ねた人にも作品を見てもらおうと企画した。町と町教育委員会との共催となり、役場の職員が実行委員に加わってくれた。

「私たちの知らない、隠れた、新しいアーティストに出会いたい」と、作品は全国から公募した。町内の三つの美術館に加え、味噌屋や窯元、里山の景観が楽しめるところなど計一〇ヵ所に展示。参加者が町の魅力を感じられる仕掛けを施した。その結果、一ヵ月間の会期中に約一二〇〇人が観覧した。

展示会場として場所を提供した人からも、「店が明るくなって良かった」、「売上が上がった」、「次回以降も会場になってもいい」など好評だったという。

「障がいをもった人たちの創作活動の多くは、自宅や施設など限られた、狭いところで行われている。他の人からの刺激は受けにくいし、作品を発表する機会も少ない。彼らにとっても貴重な場になったと思います」

彼女は建築デザインの仕事から離れ、美術館の業務に専念している。腰を据えて取り組みたいと思ったからだ。スタッフの大半はボランティアではなく、アルバイトとして働いてもらうようになった。

「ハンディキャップを持っている人たちの作品を見ていると、いつのまにか元気になる。『そんなに、あくせくしなくてもいいじゃん』、『ハッピーに生きようよ』って。この美術館に来る人に、これからも夢や希望を少しでも与えられたらと思ってます」

第3章

好きを仕事に

音楽で人をつなぐカフェ&ライブハウス

MUSIC CAFE SO-SO 酒井道啓さん 一九七二年生まれ

ピンク色の家から、おでんの香りが漂ってきた。

「うちは、おいしい匂いしかしないんです」

彼は少し照れくさそうに笑った。

あたりにはこの店をはじめ、アメリカ風の木造平屋の家が並ぶ。高い建物はない。夕焼け空が大きく見える。異国にいるような解放感。それでいて、ふるさとに帰ってきたような安心感も……。

「お客さんによく言われます。『ここは非日常的だけど、まるで家にいるみたいな温かい気持ちになる』って」

埼玉県入間市。酒井さんが営むカフェ&ライブハウス「MUSIC CAFE SO-SO」（以下、SO-SO）は、この町の一角にある。店は、敗戦後に進駐した米軍兵士の家族用住宅

＝「米軍ハウス」を修繕・改造したものだ。この一帯には米軍ハウスが多く残っており、住宅だけでなく、美術館やレコーディングスタジオ、パン屋などに使われている。

ＳＯ−ＳＯは、ふだんはランチやディナー、お酒を楽しめる店として営業している。地元の人たちを中心に、日夜にぎわっている。そのかたわら毎月ほぼ一回の割合でロックやポップスのミュージシャンを招き、ライブを開催。ファンのみならず、近所の子どもからお年寄りまでが音楽に親しむ場になっている。

ライク・ア・ローリング・ストーン

店をオープンしたのが、一年半前（二〇〇七年）の春。

「自分のやりたいことが、ようやくちょっとは形になってきました」

来し方を振り返る言葉を聞いて、私も頭の中で往時をたどっていた。実は、彼には以前にもインタビューしているからだ。

二〇〇五年の一二月だった。当時、酒井さんは、ここからほど近い川越市で、明治時代に建てられた芝居小屋「鶴川座」を町のライブハウス「鶴川座創奏」として甦らせ、切り盛りしていた。

「高校時代から自分を支えてくれた音楽を仕事にしたい」

「ミュージシャンが音楽を始めたころの楽しさを取り戻せる場所、お客さんもその喜びをシェアして励まされる場所を作りたい」

脱サラして挑み、手応えを感じていた。だが、経営面などさまざまな壁にぶつかる。悩みぬいた末、旗揚げ後、数ヵ月での撤退を余儀なくされた。取材で訪ねたのは、鶴川座創奏での最後のライブを目前に控えつつ、再生を期していたころだった。

彼はそのとき、こう語った。

「これからも、ずっと転がりつづけていきたい。まだ、始まったばかりなんだから」

ライク・ア・ローリング・ストーン（ＬＩＫＥ　Ａ　ＲＯＬＬＩＮＧ　ＳＴＯＮＥ）なのだ、と――。


二〇〇六年一月。鶴川座創奏の最後を飾る二日間のライブイベントが行われた。イベント名は「ｒｏｏｔｓ　ＶＯＬ．01〜ＥＮＤ　ＴＯ　ＳＴＡＲＴ」（始まりのための終わり）。そのフレーズには、「次に進もう」という彼の決意が感じられた。

ライブ当日、会場にはスタッフ手作りのおでんやカレーライスが並び、駄菓子が売られた。暖をとってもらおうと、客一人ひとりにカイロも手渡していた。

料理の匂いに包まれながら、ステージは続いていく。ビールケースの上に畳が敷かれた座席。まるで自宅で演奏を聴いている気分になった。ミュージシャンの演奏は、どれも心のこもった素晴らしいものだった。そこには、エンターテイメントの舞台として一〇〇年以上も支えた鶴川座への「これまで」の感謝の思いがあり、酒井さんたちの「これから」に向けてのエールがあった。

その後、もう一本の最後のライブを終えると、まもなく米軍ハウスに引っ越した。自宅兼ライブハウスにしようと考えてのことだった。オーナー会社は「ぜひ、ライブハウスをやってほしい」と言ってくれている。

「ここに音楽と人が集まる店を作ろう」

鶴川座創奏時代からのスタッフで、後に結婚して妻となる佐知子さんや、友人たちの力も借りて、照明や機材を置き、店らしく作り変えていった。外壁は、大好きなアメリカのロックバンド、Ｔｈｅ　Ｂａｎｄのアルバム『ＭＵＳＩＣ　ＦＲＯＭ　ＢＩＧ　ＰＩＮＫ』のジャケット写真に重ねて、ピンク色に塗った。アルバイトで開店資金を稼ぎ、店の構想を練った。料理が得意な佐知子さんは、カフェメニューの準備に勤しんだ。

そして、二〇〇七年三月。二人は満を持して、オープンにこぎつける。開店記念ライブに私も行った。

五〇人がすし詰めに座るリビング。自分のすぐ目の前でミュージシャンがピアノを奏で、ギターを弾いている。厨房からはおでんの匂いが漂ってくる。自宅にいるようにリラックスしてくる。

酒井さんに伝えると、笑顔が返ってきた。

「もう自分の家のような、じゃなくて、自分んちですから！」

すべてに手間と時間を惜しまない

ミュージシャンは人気や知名度に関係なく、自身が魅力を感じた人に声をかける。ライブ会場に足を運び、演奏を聴いた上で直接、出演交渉をする。営業や宣伝などでは、絶対に押し売りはしない。儲けたくて、ライブハウスを始めたわけじゃないのだから――。

商業ベースではなく、人の気持ちを大切にした姿勢は、鶴川座創奏以来、変わらない。

「ドアの向こうで、入ろうかどうしようか迷っている人がいても、僕は声をかけません。『どうぞ、と言ってきなよ』と女将（佐知子さん）には、せっつかれるんだけど（笑）、お客さんが『この店に入りたい』と思って、自分でドアを開けてほしいから」

「宣伝はほとんどしていません。町の情報誌に店の名前と電話番号を一度、載せてもらったぐらい」

にもかかわらず、くちコミで徐々に人気が広がった。今では、四〇席が満席になることも、ままある。

佐知子さんたちスタッフが作る料理も、客を引きつけているのだろう。じっくりと、だしをとって煮込む特製の「静岡おでん」。大根おろしと酢醤油をつけて食べるあっさり風味の「鶏の竜田揚げ」。手間と時間をかけたメニューばかりだ。

「家族のごはんを作る気持ちで、いつもキッチンに立っています」と佐知子さんは言う。

近所に住むシンガー・ソングライターの若い男性が、夕食をとりに来た。厨房前の大きなテーブル席に座り、エスニック風のスープが美味い「アジアン汁うどん」を食べている。かつてこの界隈に住んでいた中年夫婦や、仕事帰りのサラリーマンも、続々と来店。他のテーブルが空いているのに、みんな、この席に座る。その一人ひとりに、佐知子さんは声をかけていく。

「キッチンで働く私たちと話ができるから、ここがいちばん人気があるんです。ギュウギュウに詰めて座ったり、時には立ち飲みで、しゃべっている人もいる（笑）。一人で来ても、ここに座れば、家族のように楽しく、ごはんが食べられるんです」

さらにこの店は、子育て中の母親がホッとできるカフェでもある。学校帰りの子どもたちにとっては、駄菓子屋のような場所になっている。一本一〇〇～一五〇円のおでんや串揚げを始めたのは、小中学生が小銭を持って、気軽に立ち寄れる店にしたかったからだ。仕事に疲れた若い女性が「女将さん、今度ゆっくり話を聞いて」とメールを寄せてくることもある。

SO-SOは、家庭や学校・会社とは別の、もうひとつの心地いい居場所なのだ。

「音を楽しむ」と書いて「音楽」

近くには、デザイナーやカメラマンなどが住んでいる。酒井さんたちが、名刺やフライヤーの制作を頼むこともしばしばだ。店の改装時には、床張りや壁塗りを手伝ってくれた。バーベキューをやったり、草野球のチームも生まれている。

「仲間たちのおかげで、店を続けてこられた」と酒井さんは感謝する。

「映像作家もいれば、ミュージシャンもいる。雑貨を扱っている人や、ハワイのカード占いができる人もいる。みんなが持っている力をつなげて、文化を発信するコミュニティをいつか作りたい」

SO-SOは設備やスペースの関係上、アコースティックの弾き語りライブに限っているが、いずれエレキギターやドラムを交えたバンドのライブを開きたいとも思っている。どんなスタイルが望ましいか。全国のライブハウスを訪ねて学びながら、考えていくつもりだ。

オープン一周年を記念して開かれたライブ。ギターを弾いて歌うロックシンガーを、小学生の姉と弟が仲良くおでんを食べながら見つめていた。小さな子を肩車して立っているお父さんも、ステージから目を離さない。後方の席のおばあさんも微笑んでいる。

「音を楽しむ」と書いて「音楽」。この夜、老若男女がいっしょになって、まさに音を楽しんでいた。それは、彼が鶴川座創奏を立ち上げてから、ずっと夢に描いていた光景だったのではないか。

「お客さんの喜ぶ顔が見たくて、この仕事をやってますからね。自分たちのやってきたことは、決して間違いじゃなかったんだと、日々、実感しているところです」

（二〇〇八年一一月取材）

〈追記〉

ＳＯ‐ＳＯは二〇〇九年一一月、再び居を移した。同じ入間市の、川べりの地へ。お茶屋や醤油工場の古い建物が残り、魚屋や八百屋など個人商店が健在の、昭和の風情漂う界隈に暖簾を掲げた。

かつては金物屋だった店を改装。入り口側の外壁は、以前と同様、ピンク色に塗った。店内にはソファ、テーブル、ＤＪブースが見える。屋根裏部屋のような、小さなツリーハウスも設けた。スペースは一回りほど狭くなった。

「小ぢんまりしたところで、お客さんとゆっくり音楽の話がしたいと思った。『あそこに行けば、音楽のことがわかる』と思ってもらえる店になれば」

米軍ハウス時代は、建物とロケーションにどこか守られていた気がした。ともすれば、それが一人歩きしていくようで落ち着かなかった。「音楽の店」という原点に、もう一度立ち返ろうと、彼は考えている。

アフリカの布で洋服を仕立てる「お針子デザイナー」

梅田洋品店　**梅田昌恵**さん

ウィンドー越しにカラフルな衣装が見える。オレンジ色の丸い模様が彩られた青のワンピースは、カメルーンの布で作ったもの。白と山吹色のティーポットの柄が飾る紫色のスカートには、タンザニアの布が使われている。真っ白な壁の店内で、それらはひときわ映えていた。

「アフリカで女性たちが街を歩いている姿を見たとき、お花畑みたいだと思ったんです。この美しい布を、日本の人たちにも知ってほしい」

自作のワンピースに身を包む梅田さん。屈託のない笑顔が、色鮮やかなアフリカの布によく似合う。

東京・西荻窪。商店街が元気なこの町に、「梅田洋品店」はある。三坪ほどの店内には洋服とともに、ポーチ、バッグ、ブックカバーが所狭しと置かれている。材料はすべてアフリカのプリント布。アトリエを兼ねた店で、彼女がミシンで仕上げたハンドメイドの品々だ。

自身を「お針子デザイナー」と名乗る。「あなた、お針子さんなのね」。数年前、ひょんなことで知り合ったおばあさんからそう言われ、以来、自分に最もふさわしい肩書きだと思っている。

「服ができあがっていく過程が楽しい。縫った服を着てもらえるのも喜びです。『元気になる』、『人からほめられた』とお客さんに言われると、うれしくて、もう泣きそうになっちゃいます」

洋裁が好きだった母親の影響で、幼いころから人形の洋服を縫い、遊んでいた。「お針子」は、まさに天職なのだ。

「カンガ」で日本人に合った服を

東アフリカの布「カンガ」で作ったバルーンスカート。色とりどりの布地の端に、スワヒリ語でメッセージが記されている。たとえば、こんな具合に……。

「SINA PINGAMIZI YOTE MIPANGO YA MUNGU」（神の与えたもうた境遇に、何の不満もありません：タンザニアの言葉）

「JIRANI MZURI MWEMA KWA JIRANI ZAKE」（隣の人がよい人なのは、その隣の人がよい人だからです：ケニアの言葉）

彼の地で、古くから伝わる教えや格言である。

現地の女性は、カンガの一枚を腰に、もう一枚を頭や首などに巻きつけ、着こなしている。だが、日本人の体型や習慣にこのスタイルは合わない。そこで彼女が思いついたのが、バルーンスカートだった。

「スワヒリ語のメッセージが読めるし、大きな模様を切らなくて済む。ふわりとしたシルエットもかわいい」

布は毎年一回、現地に出向いて選んだものばかり。一枚一枚の魅力を生かした品を仕立てたいとの気持ちは強い。職人らしいこだわりと、アフリカの人たちへのリスペクトが感じられる。

「仕入れに出かけるのは、人々の生活や文化、政治状況なども実際に肌で感じたいからなんです。布だけではなくて、アフリカのカルチャーも含めてお客さんに伝えたい」

文庫と新書サイズのブックカバーも、人気商品だ。南アフリカのマンデラ元大統領の顔が大きく描かれたものなどが並ぶ。ワインやコーヒーといったフェアトレード製品、アフリカ絵画、インテリアを含め、アイテムの多くは通販も行っている。

客層は三〇~五〇代の女性が中心。休日になると、岐阜や沖縄など遠方から訪ねてくる。

「梅田さんのところで洋服を買うようになってから、アフリカに行きたくなりました」

そんな声も聞かれるそうだ。

大量生産せず、ハンドメイドで

「店を始めて、今月でちょうど四年になったそうですね」と彼女に言うと、「実は、この二~三年、開店記念日を忘れちゃってました（笑）」。大らかな性格も、人を引き寄せるのだろう。

出身は北海道。高校卒業後、地元のアパレル関係の会社などで経理事務に携わっていた。そのかたわら、夜は洋裁学校に通い、作品を作り続けた。

「『いつか自分で洋服の店をやるものだ』と子どものころから思っていた。昔から思い込みの激しい性格なんです（笑）」

やがて、「婦人子供服製造技能士」の資格を取得。ちょうどそのころ、会社の上司から「JICA（国際協力機構）の青年海外協力隊が、洋裁と経理ができる人を募集している」と聞く。派遣先はジンバブエ。伝統刺繍を営む女性たちの協同組合を支援する仕事だった。アフリカについてはほとんど知らなかったが、「自分の好きなことで、誰かの役に立つのなら」と二〇〇〇年、海を渡る。新商品の開発、経理や在庫管理の仕方などをアドバイス。大きなデパートと取り引きできるまでになった。

その二年間の派遣期間中に魅了されたのが、アフリカのプリント布だった。とりわけ、旅行先のタンザニアで見たカンガに、お針子の心は動いた。

「日本に帰ったら、この布で洋服を作ってみたい」

帰国してしばらく後に、彼女は上京する。見聞を広め、腕を磨き、起業につなげようと考えた。派遣社員として働きながら、アフリカの布で仕立てた服を友人の店やアートマーケットなどに出店。客の反応に手ごたえを感じ、二〇〇四年にオンラインショップを立ち上げる。バルーンスカートやブックカバーを中心に、売上は増えた。お客さんに試着して服を選んでもらいたい、要望や感想を直接聞ける場がほしいと思った。

そこで二〇〇六年、実店舗「梅田洋品店」をオープン。アンティークショップや雑貨店が並ぶ西荻窪なら、集客が見込めると判断した。

店の内装は自力でやった。友人たちも手伝ってくれた。開業資金はすべて貯金でまかなった。開店まもないころに思いついたのが、「アフリカワイイ」という造語だ。「プリミティブ」とも「エスニック」とも異なる、今のアフリカの魅力。それらを日本人の好みに合ったスタイルで提案したい。そんな気持ちを込めて、オリジナルブランド名とした。

店には、北海道の作家たちによるハンドメイドの品も置いた。「ささやかではあるけれど、彼らをサポートしたい」。故郷への思いからだった。

売上は着実に伸びている。ヤフーやグーグルへの広告効果で、ネット経由の客も増えた。年に一回開く個展では、新作を発表している。

「大量生産はしない」、「バーゲンはしない」、「ハンドメイドでクオリティの高いものを作る」。身の丈に合ったスタイルで店を続けたいという。

私がアフリカに関わる理由

毎朝一〇時半～一一時に出勤すると、仕事は途切れることがない。

「縫製、型紙作り、掃除、開店準備、店舗の模様替え、接客、メールの返信、通販の発送、経理、ブログやツイッターの書き込みまで、ほぼ一人でやっています。お客さんに商品を説明するには、愛情や思い入れがないと難しいですから」

とはいえ、全部を一人でやっているわけではない。札幌の友人に縫製を頼んだり、ホームページの制作は知り合いに依頼したりしている。友人知人と支え合う関係。「アフリカとの関わりも、それと同じだと思う」と言う。

「私は、彼らから正当な値段で布を買うことでサポートする。でも、逆に彼らから布を売ってもらって、布のことを教わっている。お互いに恵み合う関係なんです」

「どうしてアフリカなんですか？」という質問に、彼女は自店のＷｅｂサイトでこう答えている。

布の魅力に出会ったから。自身の営みを通して、貧困や紛争などの解決に協力したいから。そして、最後の一文が鮮やかなのだ。「でも、ほんとうはアフリカに行けば、大きなマンゴーを食べられるからかもしれません」――。

「アフリカのマンゴーって、すごくおいしいんですよ！　仕入れの旅に出ると『一日一マンゴー』って決めてるんです（笑）」

この自然体の身ぶりが、彼の地の人とも心地よい関係を築くのだろう。いつか、アフリカのどこかに協同組合的な洋裁のお店を作りたい。地元の女性たちが現金収入を得られる場になれば、とも。

「でも、『支援』だなんて、おこがましい。いっしょに楽しく働きたいだけなんです」

（二〇一〇年四月取材）

〈追記〉

梅田洋品店は、ファッションブランドの店が林立する東京・南青山に移転した。ヴィンテージマンションの六階の一室。フロアの広さは、これまでとほぼ同じ。店というより、アトリエに近い雰囲気になった。開店日を金・土・日曜と祝日に限定し、週の前半は制作に当てている。

「服を作る時間をたくさん確保したかったんです。『自分のサイズに合う服がない』というお客さんの声が多かったから、セミオーダーを始めようと思って。サイズや好みの柄、パターンを選んでもらって、お一人お一人の注文に応じて、作っています」

「私自身、アフリカの布がものすごく好きで、この仕事をやっていますからね。ほんとうに欲しいと思っている人に、欲しいものが行き渡らないのは、私も悲しいから」

毎年一月、彼女は布を仕入れに、アフリカへ渡る。買い付けの合間には、現地の人たちといっしょにクラブで音楽を聴いたり、食事やお酒を楽しんだりする。写真付きのブログを読むと、笑顔の彼女が至る所に見える。アフリカを心底好きなことが伝わってくる。

シエラレオネの首都フリータウンを訪ねたときのこと。この町に暮らす人たちは働き者だと、タクシー運転手の言葉を紹介していた。

「え？　職がないだろうって？　いやいや、仕事は自分で作るものだよ」

新しいアトリエから、彼女はまたひとつ、新しい仕事を紡ぎ出そうとしている。

街と人を元気にするコミュニティシネマ

深谷シネマ　竹石研二さん　一九四八年生まれ

かつて中山道の宿場町として栄えた地に、二〇一〇年春、〝酒蔵の映画館〟が生まれた。埼玉県深谷市にある「深谷シネマ」。江戸時代にできた築三〇〇年以上の酒蔵を改装したものだ。老舗の蔵元「七ツ梅酒造」の跡地である。

母屋側の木戸をくぐると、レンガ造りの倉庫や、ツタの絡まった木造の屋敷が並ぶ。レンガの煙突は見上げるほどに高い。時が止まったかのような空間だ。約九〇〇坪のこの敷地が、映画やテレビドラマのロケに使われているというのも、うなずける。真新しい大きな蔵は、白と黒の外壁、グレーの瓦が映えている。

以前、この映画館はすぐ近く、銀行の空き店舗に居を構えていた。当時、竹石さんはこう語っていた。

「深谷に映画館がなくなって、三〇年以上経っていました。このまま何もしないでいると、商店街の空洞化にいっそう弾みがかかる。もう一回、街の中に映画を取り戻せば、商店街もにぎわうんじゃないか。そんな単純な発想で、映画館をつくりたいと思った。深谷は女房の出だし、子ども三人含めて街のみなさんにお世話になってきて、その恩返しもしたかった。自分にやれることは何かと考えたら、若いころから映画が好きでしたからね。やっぱり映画館をつくるしかないと思ったんです」

映画と街への思いから、二〇〇二年に旗揚げした深谷シネマ。「街の映画館」としてのみならず、音楽や演劇なども含めた「街の文化拠点」になりたいという。

中山道に佇む「酒蔵の映画館」

木をふんだんに使った深谷シネマ。六〇席ある場内は、暖色系の照明が灯り、落ち着いた雰囲気。最大三名まで入れる防音仕様の「親子ルーム」もある。廊下には木製の手すりが付き、車椅子用の席とトイレを完備。子ども連れの人からお年寄りまで、誰もが安心して映画を楽しめる。

今回の移転は、市の区画整理事業に伴うもの。改築費用は国と県の補助金に加え、市民や企業から集まった約一〇〇〇万円の寄付金、残りは自己資金と銀行からの借り入れでまかなった。受付の脇の棚には、地元の店のチラシがたくさん置かれていた。商店街を元気にしたい、という竹石さんの思いがうかがえる。

スクリーンに映し出されるのは、ロードショー期間を過ぎた邦画を中心に、大都市のミニシアターでしか見られないアジアやヨーロッパなどの作品だ。客のアンケート結果をもとに、竹石さんらスタッフと、ボランティアが話し合って、上映作を決める。料金は大人一二〇〇円、一日四回の一本立てで、一～二週間ごとに作品を入れ替える（二〇一七年二月現在、料金一一〇〇円、上映は一日五回）。映画作家の大林宣彦さんらを招いてトークイベントも開催している。

訪ねた日は、南アフリカ元大統領ネルソン・マンデラ氏を描いた劇映画『インビクタス　負けざる者たち』を上映していた。

終映後、スタッフに話しかけていたおばあさんは、「毎回パンフレットを買ってるんですよ」と言う。仕事を終えて駆けつけたサラリーマンも、笑顔で帰っていった。一ヵ月の来場者は、中高年の女性を中心に約二〇〇〇人。これまでに累計二〇万人を突破した[1]。

だが、街の映画館＝「コミュニティシネマ」として定着するまでに、竹石さんはいくつもの試練を乗り越えてきた。

『愛染かつら』に涙したおばあさん

東京・墨田区の下町生まれ。幼いころから近所の映画館で大人たちに交じり、チャンバラ映画などをよく見ていたという。高校卒業後、いったん就職するが、映画熱は冷めなかった。

結婚し、一児の父親になっていた二七歳のとき、映画の専門学校に入学。その後、映画会社で働くも、やがて所属部署が廃部となり、妻の実家がある深谷へ転居、生活協同組合に勤める。

「映画づくりの才能がないことに気づいたけど、仕事のかたわら、映画や演劇、音楽を鑑賞するサークル『虹の会』に参加していました」

市民が会費を払い、自分たちの見たい作品の公演を開催。会員は演劇サークルが五〇〇〇人、音楽が二〇〇〇人、映画は四〇〇人ほどに達した。人口一〇万人ほどの町で、こんなにたくさんの人たちが関心を持っているんだと、彼は驚いた。

それでも、気持ちは満たされなかった。映画にもっと関わりたいと、五〇歳で生協を自主退職。「県北にミニシアターを！市民の会」を立ち上げ、市民や行政に映画館建設を呼びかける。「虹の会」でのサークル活動の経験から、常設の映画館はできると手応えを感じていたからだ。市民から賛同署名三三〇〇人分を集め、市の後援をとり、映画会を開いた。

「ほんとに『えい、やっ！』で踏み出しちゃった（笑）。定年の六〇歳まで生協で働く道もあったけど、元気なうちに、気持ちのあるうちに、と思ってね」

しばらくして、老舗の洋品店から「うちの二階が空いている」と聞く。そこを改装し、ついに二〇〇〇年、仮設の映画館を立ち上げる。資金は、金融公庫から約五〇〇万円を借りて工面した。最初に上映したのは、戦前の名作、田中絹代主演の『愛染かつら』だった。

「たまたま事務所の前を通りがかったおばあちゃんが『若いころ、深谷でいっぱい映画を見た』と誇らしげにおっしゃったんです。『もう一回見たい映画ある？』と聞いたら『愛染かつらだよ』、『じゃあ、おばあちゃん、やっちゃおうか！』と。実は僕らも映画館をつくると決めたものの、始めるきっかけが欲しかったんです」

ゴールデンウィークに上映したところ、お年寄りたちが詰めかけた。一週間で一一五〇人が足を運んだ。上映中に拍手を送ったり、主題歌を口ずさんだり。場内は熱気に包まれた。

「若いころ、電信柱のポスターを見て、行きたかったけど、奉公先から暇をもらえず見られなかった」

「感動して涙が止まらなかった。青春時代を思い出して、時間を忘れた」

みな、口々に懐かしんだ。

「映画が終わっても、みなさん、すぐには帰らない。お茶にお菓子、おしんこをつまみながら、思い出話をしゃべってる。映画って、すごい力があるんだと、あらためて感じました」

流行にとらわれず、いい映画をやれば、必ず見てくれる人がいる。日本映画を中心にラインアップを組んでいこうと思った。

映画は、自分の街で見るのが一番

幸先は順調だったものの、やがて売上は伸び悩んでいく。建物の老朽化がひどく、消防法の基準を満たすことも難しく、多額の借金を抱えて九ヵ月後、やむなく閉館する。

それでも、彼はあきらめなかった。市のホールを借りて山田洋次監督を招きトークショーを開いたり、定期的に上映会を続けた。

以前より商店街活動に積極的に関わっていたことから、「深谷ＴＭＯ（タウンマネジメント）構想」の策定委員会に参加。「銀行の空き店舗でミニシアターを開き、商店街を活性化したい」と提案し、中心的なプロジェクトとして採用される。銀行のビルは天井が高く、堅牢な建物だったため、消防法もすぐにクリアできた。

市が銀行から空き店舗を借り、竹石さんたちがＴＭＯに毎月一〇万円の家賃を払い、運営することに。建物の改修費は、補助金として国、県、市がそれぞれ三分の一ずつ支出。設備は、市民や企業から寄せられた基金でまかなえた。「深谷シネマ」の誕生である。

当初は人件費を払えず、竹石さんともう一人のスタッフは無給で働いた。「私はかあちゃんのヒモ状態だった」と笑う。採算ベースが見え始めたのは三年目あたりからだ。今では給料は毎月一五万円を確保できている。

「最初は不安もありました。でも、拠点ができると人が集まってくるんですね。ボランティアの方たちに、ほんとうに助けてもらいました」

高齢の親の介護をしながら、週一回受付を手伝ってくれた主婦。地方紙の新聞記者は、ニュースレターを編集してくれた。館内のディスプレイは、工芸作家が担った。「アジア映画グループ」、「日本映画グループ」などの愛好会も生まれた。

毎年秋に映画祭（「花の街ふかや映画祭」）を開催できるようになったのは、ボランティアの力だという。映画やテレビドラマのロケに協力し、請われればエキストラを担う「フィルム・

コミッション」の活動も盛んだ。ＮＨＫ朝の連続テレビ小説『ゲゲゲの女房』や、松本清張原作の映画『ゼロの焦点』の撮影も行われた。

近隣の町での映画会もサポートしている。寄居町や秩父市では教育委員会や商店会が後援し、ほぼ隔月で公民館などで上映会が開かれている。企画から広報、宣伝までを地元のボランティアが担い、深谷シネマ側は当日、フィルムと映写機を持参する。

「『みなさんの街でも上映会をやってみませんか』と常連のお客さんに声をかけて、始まったものです。何だか私が焚きつけちゃった気がするけど、やっぱり映画は自分の街で見るのが、いちばんだと思いますから」

竹石さんが映画館を旗揚げしたプロセスと重なる。彼の蒔いた種が、少しずつ芽を出している。

新「深谷シネマ」オープンを迎えた一〇年四月。館内は大勢の人でごった返した。市長が駆けつけ、挨拶に立った。かねてから親交のある大林宣彦さんも「名誉館長」を快諾、「ここは、世界にもめったにないぬくもりのある映画館だ」と祝辞を贈ってくれた。

休館日には、場内でクラシックコンサートなどを開催。映画館の向かい側にある蔵では、市民劇団の公演を始めた。

お年寄りのことも気にかけている。

「ここで映画を見て、お友だちと会って、おしゃべりしてほしい。元気になってもらう場になれば」

　初めて上映した『愛染かつら』のときの情景が、今も目に浮かぶ。そして、この映画館を始めたのは、自分と同世代の男たちを応援したいと思ったからだ、とも。

「団塊の世代がリストラ食らって、自殺者が増えたのを見て、『おんなじ世代の仲間が……』と残念に思ったんですよ。私がこんなこと始めたのも、『映画を見てから、考え直してほしい』という気持ちもあったし、『一人でだって、できることはある』というかね。そんなに大それたことじゃなくていいんです。父ちゃんたちがもう一度、地域に戻って、元気に楽しいことをすれば、世の中ちょっとは良くなるんじゃないかって」

「『ゲゲゲの女房』のように、私も女房がいなかったら、ここまで続けられなかった。感謝しています。思えば、あのドラマで描かれている時代の人たちは、みんな貧しかったけど、助け合いながら生きていた。それが人間らしいし、そういう街づくりがいいと思うんですよ。近くに映画館があって、気心の知れた仲間がいて。つつましくも、楽しく、穏やかに生活できる街をつくっていきたいですね」

（1）二〇一六年三月末現在、三三万八四七四人に達している。

（二〇〇五年一月＆二〇一〇年六月取材）

主婦がつくった山村のレストラン

森のカフェ　アースガーデン（現・お肉カフェ　オーガニック　アースガーデン）　**榎戸恵彩**さん　一九六三年生まれ

ＪＲ青梅線に乗ると、車窓の景色は街の眺めから一気に変わった。杉の木が生い茂る山々。その下を、多摩川が流れている。山と川と空だけの世界。奥多摩と呼ばれる地だ。

東京・新宿から電車を乗り継ぎ、西へ行くこと、二時間弱。白丸駅で降りる。小屋のような駅舎がひっそりと建つ無人駅。沢のせせらぎや蝉の声が、かすかに聞こえる。しばらく歩くと、橋のたもとに木造和風の一軒家が見えてきた。

「森のカフェ　アースガーデン」

その名の通り、山あいに佇むカフェ＆レストランだ。

朝の一〇時前。榎戸さんが、玄関で開店の準備にとりかかっていた。

「このへんは灯りが全然なくて、夜はほんとうに真っ暗になるんですよ。一人でいると怖いぐらい。そういう闇というものが、昔の暮らしにはあったんでしょうね」

「私、奥多摩が大好きなんです。この店を、奥多摩の自然や伝統、文化のすばらしさを伝える場所にしたい」

そう言って目を輝かせた。

地場産の食材を使った手料理

メニューを開くと、地元の食材を生かした献立が並んでいた。迷った末に、三つの品を選んだ。

まずは、「わさびパスタ」。わさびが根茎から葉っぱまで、丸ごと入っている。オリーブオイルとともに、パスタに絡まった味が格別だ。わさびは、榎戸さんの義父が作っているという。

次に食べたのが、「ざるそば」。手打ちのそばを、ここでもわさびが引き立てる。

最後が「奥多摩やまめのタルタル丼」。やまめのたたきに、細かく刻んだきゅうり、しそ、みょうがを和えたものが載っている。やまめは、川魚とは思えないほど脂がのっていて、酢飯に合う。

「私たちはシェフではなく、シュフ（主婦）ですからね（笑）。料理屋できちんと修業をしたことはないけど、身近な食材でおいしいものを作ることには自信があります」

店の中は、木の香りがする。吹き抜けで、開放感がある。窓越しには、山と川の美しい眺めが見える。

囲炉裏のある部屋では「いろりカフェ展」と題し、地元の木工家や彫刻家らの作品展を企画。

味噌づくり、陶芸教室といった体験プログラムを試みている。年に一回、奥多摩の自然をテーマにした写真コンテストも開催する。

「ここには、豊かな自然と、昔ながらの暮らしの営みが残っている。現代人が忘れかけた大切なものが流れつづけている。私は、それを『奥多摩スピリット』と名づけて、発信していきたいんです」

森のカフェで町おこしを

何より、自身がこの地に癒やされてきた。

奥多摩で暮らすまで、彼女は都心の会社に勤めていた。しゃにむに働き、仕事が終わると、街に出かけた。都会暮らしを謳歌していた。だが、身分は派遣社員だった。

「三〇歳を過ぎると、だんだん肩身が狭くなってくるのがわかるんです。今の仕事は誰にだってできる。いつか若い人にとって代わられるんじゃないかって」

生活に不安と疲れをおぼえるようになる。唯一の楽しみは、休日に友人と連れ立って奥多摩へ行くことだった。

「キャンプ場に泊まって、夜は焚き火を囲んで、ワインを飲みながらおしゃべりするんです。『私たちって、さえない人生だよね。これからどうする?』とこぼしてました」

目の前に広がる大自然。何もかも包み込んでくれるような静かな闇。身も心も解き放たれるひとときだった。

足繁く通ううち、やがて地元の男性と知り合い、結婚。仕事を辞め、奥多摩で専業主婦としての生活が始まる。長年、わさびを栽培している義父をはじめ、お年寄りたちの知恵に目を開かれた。時間がゆったりと流れていることも心地よかった。

「朝、主人を仕事に送り出してしばらくすると、向かいの実家から声が聞こえてくる。『お～い、お茶～』（笑）。じいちゃんとばあちゃんが一服しようと誘ってくれるんですよ。のどかですよね。おかげで肩の力が、どんどん抜けていきました」

だが、その一方で、物足りなさも感じていた。

「たとえば、景色を眺めながらコーヒーを飲める素敵なカフェが一つもない。こんなにいいところなのに、すごくもったいないと思った」

町のために何かしたい。居ても立ってもいられず、役場に行き、思いの丈を述べた。何度か通い、町の釣り場のホームページ制作などを持ちかけた。熱意を買われ、「奥多摩町まちづくりひとづくり推進委員会」の委員に選ばれる。

「暗闇の中からようやく一筋の光が見えてきた感じだった」。やりがいのある仕事を、これほどまでに強く求めていたのだ。

そして、自宅近くの釣り場で獲れるマスと、地元産ジャガイモを組み合わせた「フィッシュ&チップス」の店を始めようとした矢先、空き店舗で新規開店する経営者を町が募集中だと知る。第三セクターの運営していたうどん店が廃業、その店舗を町おこしとして再活用しようというのだ。二年目までの家賃は一部免除されるという。ここでカフェ&レストランをやろうと、彼女は思いつく。

「子育て中のお母さんたちが『気分転換にちょっとお茶したい』と、気軽に立ち寄れる店がいいと思った。私自身、そういうお店が欲しかった。地元の人だけでなく、観光客にも喜んでもらえるメニューを出して、店で働く自分たちがちゃんと食べていけるようにとも考えました」

店を経営したことも、飲食店で働いたこともない。一見、無謀とも思える計画だった。しかし、町のために献身的に働いてきた彼女の力と人柄が信頼されたのだろう。行政は、ゴーサインを出してくれた。

思い立ったら、すぐにやる

開店までに与えられた期間は、およそ半年だった。二人の幼い子を抱え、子育てや家事の合間を縫って準備した。町役場や商工会議所、店舗コーディネーターらさまざまな人に相談に乗ってもらった。店の大掃除から、照明の付け替えといったリニューアル、メニューの開発、食器の手配まで、友人や知人、親類が駆けつけ、力を貸してくれた。

そして、二〇〇七年四月、オープンを迎える。メニューのひとつ、「玄米オムライス」は開店前日に完成にこぎつけた。

「私って、いつも『滑り込みセーフ』なんです（笑）。家のこともやらなきゃいけないから、じっくり考えている余裕はない。思い立ったら、すぐにやるしかないんです」

スタッフの大半は主婦。営業時間など無理をしない体制で臨んだ。オープン後、売上は着実に伸びている。客層は若者からお年寄りまで幅広い。夏場や紅葉シーズンには、四〇席が満席になるのも珍しくない。

取材から数日後の朝。彼女から電話がかかってきた。

「『店を始めるとき、不安じゃなかったですか？』とこの前、聞かれましたよね。私、まったく怖くはなかったです。失敗してもそれには必ず意味がある。どんなことがあっても、その先には必ず何かがあるはずだ、と思ってますから」

「大切なことを言い忘れた気がして、お電話しちゃいました。今、息子といっしょに保育園のバスを待ってるところです」

彼女の、そんな気さくで、細やかなところも、この店の魅力なのだろう。

（二〇〇八年九月取材）

〈追記〉

店のニュースレターから、並々ならぬ決意が伝わってきた。開店五周年（二〇一二年）を迎えた号で、彼女は自らにゲキを飛ばしていた。

「『本当にお客様に喜んでもらえるメニュー』、『お客様に喜んでもらえるサービス』を本格的に今年はやるぞ！　頑張るぞ!!　という感じです」

真意をたずねてみた。

「実は震災後、店を続けていけるかどうか、しばらく心の中で揺れていました。今まで自分なりに頑張ってきたつもりだけど、どうしたらいいか、わからなくて。でも、ふと気づいたんです。お客さんをもっと喜ばせることができたら、打開策になるんじゃないかって」

メニューの数を増やした。わさびの風味と食感がおいしい「わさびコロッケ」、野菜がたっぷりトッピングされた「玄米サラダピザ」。そばはメニューから外し、「麦きり」と呼ばれる麺類だけに絞った。麦きりとは、大麦の粉で作ったもので、うどんより細く、そばに比べて少し太い。地元で古くから親しまれてきた食品だ。

再びニュースレターに綴られた彼女の言葉。

「私にとってアースガーデンは私の想いです。（中略）『アースガーデンの仕事は私の人生そのもの』と今、本気で言える私がいます」

＊　＊　＊

さらに、二〇一四年一〇月一五日、店は「お肉カフェ　オーガニック　アースガーデン」と店名を変え、新装オープンした。とんかつ、しゃぶしゃぶなど、黒豚を使ったメニューを前面に出している。

「餌に徹底的にこだわり、最小限の抗生物質、ホルモン剤不使用で、愛情たっぷりで育てられた、信じられないほど安心・安全で、食べるとからだも心も元気になる、とびきり素晴らしい豚肉に出会ってしまいました」（アースガーデンＷｅｂサイトより）。

客に喜んでもらいたい。その一念でのリニューアルだという。榎戸さんの挑戦は続いている。

小舟の川クルーズで水都・大阪の再生を

御舟かもめ　中野弘巳さん　一九七七年生まれ

春の晴れた昼下がり、小舟に乗った。橋をくぐり、水門を過ぎる。工場群にはクレーン車や作業船が目立つ。地元の人たちが利用する渡し船ともすれ違った。やがて、ビルが林立するビジネス街へ。目の前には、巨大な京セラドーム大阪がそびえている。

船は自転車ぐらいのスピードで進んでゆく。中野さんが運転席で舵を切りながら時折、マイクで案内する。

「大阪は、かつて〝水の都〟といわれていました。都心部はカタカナの〝ロ〟の字のように、今もぐるりと川に囲まれています。北はレンガ造りの近代建築が残る中之島から、南はグリコの看板が立つ道頓堀まで、船で回れるんですよ」

ウッドデッキに寝そべってみる。日差しがあたたかい。ちゃぷちゃぷと、船べりにぶつかる水の音が聞こえる。風が静かにそよいでいく。都会の真ん中にいるとは思えない――。

大阪市内の川を運航する「御舟かもめ」。全長約七メートル、定員一〇人のこの小型客船を、「川に浮かぶ小さな家」と彼は例える。おっとりした関西なまりで言う。

「忙しい人にこそ、乗っていただきたいんです。家にいるようにのんびりしながら、町の景色を楽しんだり、水辺の気持ちよさを感じてほしい。みんなが自分の町で楽しく過ごす方法を考え出せば、町も活性化していくんじゃないか」

川のクルーズで水都・大阪の町づくりに役立ちたい、と考えているのだ。

「朝ごはんクルーズ」から「バークルーズ」まで

船はほとんど揺れず、快適だった。

「この船は、以前は熊本・天草の海で、真珠の養殖に使われていた作業用漁船です。幅が広いから、揺れが少ないんですよね」

船幅は約二・五メートル。平らで、広々としたデッキでは足を伸ばせる。木造の建屋部分で休むこともできる。キッチンとトイレが付いていて、確かに小さな家のようだ。クッションや座布団、ひざ掛け用の毛布も用意されている。お手ふきには、豆絞りの日本手ぬぐいが渡される。そんな和の雰囲気も落ち着く。

運航しているクルーズは全部で六つ。淀川で昼間にのんびり過ごす「うたたねクルーズ」、夕暮れの景色を楽しむ「カフェクルーズ」、お酒を片手に夜の街並みを満喫する「バークルーズ」など。

中でも人気が高いのが、「朝ごはんクルーズ」だ。朝に出航し、船上でコーヒーやパン、サラダなどの食事をとる。

船の貸し切りも受け付けている。誕生日や還暦などお祝い事での利用が増えているという。どのクルーズも、ふだんの暮らしに寄り添っているのだ。

「お客さんがデッキでくつろいでいる姿を見ると、うれしくなる。クルーズの途中で、公園を散歩している幼稚園の子どもたちと手を振り合うこともあります。これも、すごく幸せな瞬間なんです。町に愛されていると感じますから」

独立開業したのは、二〇〇九年八月。最初の半年で、六〇〇〇人ほどの客を迎えた。三〇代の女性が多い。リピーターも少しずつ増えている。屋形船や観光船などが「船の中で楽しむ」のに対して、こちらは「船の上で楽しむ」。小舟で川を身近に感じられるクルーズに、手応えを感じている。

「でも、万人受けする船じゃないから、大商いにはならないと思いますけどね（笑）」

人生はシンプルに決めていい

この小さな船を漕ぎ出す前、彼はマスコミの世界にいた。大阪の大学院を出ると、ＮＨＫに入社。テレビのディレクターとして計六年、番組制作に携わった。

大学時代から環境工学を学び、町づくりへの関心は強かった。都市設計の道に進むことも考えたという。だが、そこには自分よりもすぐれた人材が多いと感じていた。建築とは異なるアプローチを試してみたい。地域で魅力的な活動をしている人たちを紹介する番組を作ろう。そんな気持ちで仕事に励んでいた。

「世界遺産の高野山のドキュメンタリーを作ったときも、あえて見習いの若いお坊さんや、お寺の屋根を葺く職人さんを取り上げました。地域を支えるプレーヤーにすごく惹かれていたんです」

一方で、違和感がふくらんでいく。

「番組が終わると、すぐ次の企画に移らなきゃいけない。面白そうな人に一時的に、上から光を当てているだけじゃないか」

人ともっと、じっくりつながりたい。自らが町のプレーヤーになりたい――。

さらに、もうひとつの出会いが、彼を川辺に導いていく。大学時代に知り合った建築設計事務所の社長に誘われ、「大阪の水都再生」をめざすＮＰＯ活動に参加。そこで出会った年下の女性に、強烈な印象を受ける。

「『川が好きだから』という理由だけで、船を買ったという。しかも、会社に勤めながら、ＮＰＯの事業として水上タクシーを運航している。なんて、シンプルな生き方だと思ったんです」

気持ちをストレートに行動へと移す姿に惹かれた。交際し、やがて結婚。彼女と時間をともにする中で、小舟のクルーズにも魅せられた。川の風に当たる心地よさ。悩んでいても、いつしか気分が晴れていく。「コテコテガヤガヤしていると思っていた大阪」が、静かでゆったりした町に感じられた。いろんな人に、この経験を味わってほしい。自分も船舶免許を取ろう。いっそのこと、川のクルーズが仕事にならないか。

「嫁に言ったら、『それ、ええやん！　いけると思うよ』って（笑）。彼女は船の世界をよく知ってるから、そう言ったんでしょうね。でも、個人で事業化するなんて、日本では例が少ない。さすがに、すぐには踏み切れませんでした」

川遊びが盛んなイギリスやオランダの実状を見てから決断しようと、二〇〇八年秋、乳児を連れて夫婦で旅に出た。小さな船で寝泊まりするツアーなどを生業にしている人たちに勇気づけられた。

「うまくいく可能性は限りなくゼロに近いかもしれない。けど、決して絶対的なゼロではない」

脱サラして、起業を決意する。マスコミから自営業への転身。収入は夫婦共働きで補おうと、二人三脚でスタートした。

市民の誰もが「川のプレーヤー」に

先輩業者の見習いに付き、運転や接客を教わった。小さくて、揺れの少ない船を求め、琵琶湖や和歌山などの漁師のもとに足を運んだ。資金は、貯金と日本政策金融公庫からの融資でまかなうとはいえ、予算は限られている。粘り強く探し、半年ほどかけて今の船に出会えた。

船の改装は、住宅のリノベーションを手がけている設計士や大工、職人に依頼。建屋部分をはじめ、モダンな和風テイストに仕上がった。

この仕事を始めて、川を毎日、行き来する中で発見は多い。風向きや潮の干満、気圧などで川の流れや水かさは刻々と変わっていく。その変化を見定めながら、運転に気を配る。都会のど真ん中でも、大自然にいることを実感するという。

そして、笑って、こう言い切るのだ。

「テレビ番組で視聴率を一〇％以上取るよりも、船に乗ってくれた目の前の二人のお客さんに喜ばれるほうが、ずっとありがたいと思うんです」

誕生日祝いに貸し切りで利用してくれた客のことが、印象に残っている。

「途中で船着場に立ち寄ると、ご親戚の方がそこで待っていたり、川沿いにあるご自宅のバルコニーに、大きなハートマークの横断幕が吊るしてあったり。サプライズや演出満載で、とても素敵なご家族でした」

この船の面白い使い方を、客にどんどん見つけてほしい。水都再生に、川遊びを楽しむ「プレーヤー」は欠かせない。そう思いながら、今日も小さな船の舵をとる。


（二〇一〇年三月取材）

〈追記〉

「ビジネスとして、まだまだ他の人にお勧めできるレベルじゃないです。でも、思ったより可能性はあるとも感じています」

船着場に寄せた船の上で、彼は控えめに語った。

毎年二〇〇〇人以上が乗船し、その数は年々増えている。とりわけ、桜の咲く時季に人気が集まるという。

新しいクルーズも作った。水門や工場、高速道路などを眺める「ドボク（土木）クルーズ」。レンタルの折り畳み自転車を詰め込み、サイクリングも一緒に楽しめる「クルーズポタ」。ギャラリー&ショップとのコラボで、デッキで茶の湯の世界を味わう「船上茶会」も開いている。

客の中には、俳句を詠む会や写真教室を開く人もいる。船の上で、結婚前の両家の顔合わせをしたカップルもいれば、中野さんがデッキにコタツを置いたところ、ホットプレートを持ち込み、バーベキューで盛り上がるグループも。年配の客からは、「長いこと、このあたりに住んでいるけど、こんな所だとは知らなかった」としばしば喜ばれる。

「喫茶店に行くように、公園のベンチに寝転がるように、気軽に船を利用してほしい」

その姿に、だいぶ近づいてきた。

そして、この仕事を続けてきて、「世の中とつながっている感じがする」とも。

「全部、自分一人で考えて、アイデアを形にして、お客さんに楽しんでいただける。家族の食い扶持、明日のごはんにすぐに関わってくるのでピリピリもしますが（笑）、『生きている』という実感がすごくあるんです」

第4章

地域で興す

東京で林業の会社を起こす

東京チェンソーズ　青木亮輔さん　一九七六年生まれ

「東京にも林業がある、という思いを込めて名付けました」

その名も「東京チェンソーズ」。二〇〇六年、青木さんは都内の西端、檜原《ひのはら》村でこの林業の会社を立ち上げた。

檜原村は森に覆われた地である。全面積の九割以上が森林、そのうち三分の二を杉や檜など針葉樹の人工林が占める。そうした人工林の間伐や枝打ち、下刈り（雑草木を取り除く）といった造林作業が、彼らの主な仕事だ。

「山を手入れすると、日が差し込んで森の中が明るくなる。木が、山が、喜んでくれていると感じるんですよね」

自身を含めメンバー五人の平均年齢は三三歳。林業の衰退がいわれて久しい中、「子どもがあこがれる職業にしたい」と意気込んでいる。

林業で環境と地域を守る

山あいの、曲がりくねった細い坂道を行く。日がかなり暮れてきた。

「このあたりは夜になると、いろんなものが出てきますよ。キツネ、タヌキ、イノシシ、テン……」

車で案内してくれる彼が、そう言って微笑んだ。

やがて古民家が見えてきた。東京チェンソーズの事務所だ。土間にはチェーンソーやヘルメット、地下足袋など、山の道具が見える。

ふだんは朝七時半にここに集まり、現場の様子や作業の段取りなどを打ち合わせて、出かける。最近やっている仕事は、花粉症対策の枝打ちだ。

「投降機（木登りの道具）で一〇メートルぐらいまで登って、枝を落とします。実はメンバーの中には高所恐怖症の者もいるんですけど（笑）、だいぶ慣れてきました」

笑みを絶やさず、物腰は柔らかい。

最も重労働なのが、初日の荷揚げ。チェーンソーや燃料など機材一式を背負い、現場に運ぶ。二〇キロぐらい担いで、二時間ほど登ることもある。暑さもつらいという。

「山の中って、夏場は涼しいと思われがちですけど、窪地で熱がこもるから意外に暑い。汗だくになって、水を一日四～五リットルは飲みます」

まさに、体を張った仕事である。現場は急勾配のところが多く、危険も伴う。質の高い道具をそろえ、疲れの出やすい時間帯には休憩を入れるなどして、安全面には常に気を配っている。

「この仕事をやっていてうれしいのは、山主さんから『きれいになった』といわれることです。三割ほど間伐すればいいとされるところを、四割、五割やってあげることもあります。割には合わないんですけどね（笑）」

国産の木材は一九七〇年代以降、値段の安い外国材に圧倒され、林業は衰退を余儀なくされた。担い手の高齢化も進んだ。山は放置され、荒れた。それによって経済面のみならず、水源涵養や土砂流失防止といった森の力も損なわれつつある。青木さんたちは自社のＷｅｂサイトでこう綴る。

「われわれは、そんな世界に飛び込んだのです。産業としての林業の再生が、環境の悪化を食い止めることになると考えて。また、同時に山の地元の活性化にも通じると信じて」

一人一五万円の出資で起業

自然と触れ合うことは、もともと好きだった。大学は農大の林学科専攻。探検部に入り、山登りや川下りに夢中になった。卒業後もしばらくは就職せず、アウトドアの生活を楽しんでいた。

「一～二年したころ、『そろそろ就職しなきゃ、まずいな』と思ってあわてて探したけど、新卒じゃないから、なかなか見つからなくて。子ども向けの教材をつくる会社に、何とかもぐり込みました」

一般家庭に電話営業をする毎日。だが、デスクワークは性に合わなかった。一年で退社。自然の中で働きたいと思った。都の森林組合が緊急雇用で募集していた、檜原村での林道整備の仕事に就く。

「林業は、大学時代から慣れ親しんできた世界ですからね。それに林業には若い人が少ない。世の中に出遅れた自分でも、存在意義を出せるんじゃないかと思ったんです」

その後、職員として採用され、たっての希望で造林作業を受け持つ部署で働くことに。本格的に山仕事に励む。自分以外は五〇代以上の年長者ばかり。学ぶことは多かった。

「『なんて、すごいジイさんたちだ！』と思いました。急斜面に生えている木に軽々と登って、仕事をされる。斧や鉈の手入れも丁寧で、いつも鏡のように光っていた。休み時間には蔓細工を作ったりと、山の文化も持っていた。古き良き伝統を教わった気がします」

そんなベテランたちも、やがて引退。代わって同世代の若手が入所し、青木さんたちが徐々に仕事を支えていく。しかし、給料は日給月給のままだった。待遇改善を求めて森林組合と交渉するが、合意は得られず。「相手に望むだけではなく、自分たちでどこまでできるか試してみよう」と発想を転換、独立を決意する。

現場仕事を外注したいと考えていた森林組合側の意向とも、かみ合った。仕事を確保できる目途がついた。

こうして二〇〇六年七月、「東京チェンソーズ」を旗揚げする。山仕事を始めて、五年ほどが経っていた。

創業時のメンバーは、彼を含めて四人。全員、転職組だ。出版社や自動車部品会社、アパレル会社など経歴はさまざま。だが、林業に懸ける思いは同じだった。

会社をスタートするにあたり、各自が一五万円ずつ出資。チェーンソーなどの機材を購入した。金融機関から融資はいっさい受けなかった。

「いきなり借金から始めることには、不安がありました。チェーンソーと、雑草を刈る刈払い機、それに燃料さえあれば、少なくともこの仕事はできる。最低限必要なものだけそろえてスタートすればいいと思ったんです」

ほんとうの林業マンをめざして

当初は仕事がないときも、ままあった。でも、落ち込まず、みんなで温泉旅行に出かけるなどして、むしろそれを楽しんだ。

独立を機に、青木さんは檜原村に引っ越した。地元のお祭りに加わり、草野球チームに入った。都市とつながって村おこしを進めるネットワーク「東京ひのはら地域協議会」にも参加、林業体験の講師も務めている。

「山仕事って、地元密着ですからね。地域の方に認めていただいて、初めて成り立つ」

そのかいあって、役場の委託業務や、山主からの依頼が少しずつ増えている。東京都の委託業務の入札に初めて参加、都有林の間伐の仕事も落札した。効率性やスキルの向上も欠かさない。作業シーンをビデオに撮り、後で検証することもある。仕事の段取りや分担、給料の決定方法なども試行錯誤を重ねてきた。

「メンバーが独立したいと思ったときには、いつでも実現できるだけの力を身につけておきたい。一人ひとりが独立すれば、新たに雇われる人が生まれて、それだけ林業の世界が広がるわけですから」

先のビジョンも描いている。

「うちの今のメインは、森林組合の下請業務です。でも、今後はこの仕事を基盤にしながら、ほんとうの林業をめざしていきたい」

「ほんとうの林業」とは何か。

「まず第一に、お客様の顔が見える仕事です。森林組合からいただく仕事の場合、山主さんと直接、お会いすることはあまりない。でも、どんな山にしたいのか、山主さんと話し合いながら、山を手入れしたい。そして、市場に木材を出して、山から収益を上げる仕事をしていきたい。木を有効に使ってこその林業ですから」

木を使うには、伐採した後、運び出さなければならない。だが、急峻な山の場合、車が森に入るのは難しかった。ところが、近年、簡易で安価な方法による作業道開設の技術が進んできた。舗装をせずとも丸太などを使い、車の通れる道ができるという。青木さんたちはその技術を身につけようと、先んじて取り組む現場へ足を運んでいる。

「道が入るだけで、林業の可能性がすごく広がると感じています」

ひとしきり話を聞き、事務所を出た。寒さが染みる。一面が闇に覆われている。山々に囲まれた月と星だけが見える。物音ひとつしない。

ふと、彼がつぶやいた。

「『昔は、山はにぎやかだった』と地元のお年寄りから聞いたことがあって、その言葉が、今でもどこかで引っかかってるんです。木を植えて、切って、運んで……という光景が、あちこちで見られたら面白くなると思うんですよね」

若き山男の決意が伝わってきた。

（二〇一〇年一月取材）

〈追記〉

今、構想しているのが、「東京に一〇〇年の森を作るプロジェクト」（その後、「東京美林倶楽部」として実現）。一口五万円で苗木三本の購入を呼びかけ、山でいっしょに育てていこうというものだ。植樹や下刈り、枝打ちに客が参加。日常的なケアは青木さんたちが行い、動画や写真で木々の様子を伝える。

二〇年後にはそのうちの一本を間伐して、椅子など客が希望した品を作る。二五年経ったら、もう一本を間伐し、インテリアなどを細工して子どもの結婚式の引き出物にしてもいい。そして、最後の一本は山主に返し、いずれは立派な建材として生かす。

「お客さんが自分たちで木を植え、育てることで、たった一本の木が、思い入れのこもったストーリーのある木になる。自分たちもお客さんや山主さんのことを思いながら、造林できる。一〇〇年という長い仕事なので、枝打ちなどの技術も伝承していけます」

当初のメンバー二人は独立し、神奈川で林業の会社を興した。そして、新たに四人の若者が加わった。

「できれば、人をもっと増やしていきたい。村に雇用を生むことは大事ですから。地元の若い人たちに『東京チェンソーズで働きたい』と思われて、初めて『地域に根づいた会社』といえるんです」

「お金の地産地消」をめざすNPOバンク

コミュニティ・ユース・バンクｍｏｍｏ　木村真樹さん　一九七七年生まれ

かつて日本には、「無尽講」、「頼母子講《たのもしこう》」と呼ばれる庶民金融があった。人々はお金を出し合い、家の新築などでまとまった金額が必要なときには、そこから資金を借りていた。

江戸時代に盛んに行われた、この相互扶助のしくみに通じる「ＮＰＯバンク」が今、各地で広がっている。市民が出資し、環境や福祉など地域に根づいた事業に一～五％の低利で融資する、会員制の非営利金融機関。いわば、市民起業家を財政的にサポートする存在である。

木村さんが地元・名古屋市で立ち上げた「コミュニティ・ユース・バンクｍｏｍｏ（モモ）」（以下、ｍｏｍｏ）も、そのひとつ。「ユース（ｙｏｕｔｈ）」の名がつくとおり、メンバーは自身をはじめ二〇～三〇代が中心だ。大学生から銀行員、主婦、公務員、グラフィックデザイナーまで、およそ三〇人がボランティアで参加している。

「若者と金融って、ミスマッチだと思うんです。信用第一とされる金融の世界に、社会経験の乏しい僕たち若者が関わるわけですからね。だからこそ、丁寧に、慎重にやっていきます」

お金で切れた縁を、お金でつなぐ

ｍｏｍｏのＷｅｂサイトには、出資者一人ひとりがなぜ資金を提供したか、その思いが記されている。

「子どもが安心して自然と触れ合える場所をつくる取り組みを応援したい」（二〇代男性・学生）

「妊娠中に大きくなるお腹を見て、子どもの未来や心、食などに関心を持ちました」（三〇代女性・主婦）

二〇〇九年三月現在、出資者は二七八の個人・団体、出資額は三四二五万円。[1] 若い人が参加しやすいようにと、出資金は一万円からに設定している（団体の場合は五万円以上）。

多額の出資の申し込みがあったときには、すぐには受け付けない。会の理念や現状、元本割れのリスクなどを、あらためて説明する。[2] 納得した上で決めてもらうのだ。

「話を聞いて、出資を減額された方もいました。でも、大事なのは金額の大小ではない。ｍｏｍｏを支える、担っていく覚悟のある人に入ってほしい。その一人ひとりと信頼関係でつながっていきたいんです」

融資対象は、愛知・岐阜・三重の東海三県の事業者。融資を始めて二年ほどで、一〇件の事業に計二二〇〇万円の資金を融通してきた。グリーンツーリズムで中山間地の村おこしに挑んでいるＮＰＯや、都市近郊で野菜の有機無農薬栽培を始めた若者などだ。

いずれも「貸しっ放し」にはしない。先方から請われれば経営相談に乗るなど、「伴走者」として支え続ける。ニュースレターやプレスリリースで融資先の取り組みを紹介し、広報・宣伝のバックアップもする。「融資をしてからがスタート」だと彼は言う。

出資者に対しては、融資先の事業内容や返済状況を公開する。自分の出したお金がどんな事業に使われ、どんな役割を果たしているのか、実感してもらうためだ。出資者と事業者が食事やお酒をともにしたり、融資先訪問ツアーを企画するなど、交流も深めていく。融資先からは、こんな声が寄せられる。

「融資をしてもらった金額より、むしろその先に広がる〝人の心のつながり〟という無限の価値に大きな魅力と可能性を感じた」

出資者と事業者、高齢者と若者、そして、都市と農村。

「お金によって切れたつながりを、お金を通して、もう一度つなぎたい」と木村さんは、考えているのだ。

銀行マンからＮＰＯの世界へ

融資の基準は、銀行とは異なる。一般の金融機関の場合、業績や財務諸表、担保などで判断される。ところが、ｍｏｍｏでは財務のみならず、「地域性」、「市民性」といった社会貢献的な面も含めて検討する。審査は、金融やＮＰＯの専門家の力も借りて行われる。

「審査をしているときに、出資者一人ひとりの顔が思い浮かぶんですよ。『あの人はここに融資したら喜んでくれるかなあ』って。銀行員のころには思いもしなかったプレッシャーとやりがいを感じています」

ｍｏｍｏの活動を始める前、彼は郷里・名古屋の地方銀行に勤めていた。新聞記者をめざすがかなわず、選んだ就職先だった。金融不安の中、メガバンクに大量の公的資金が注入され、世間を騒がせていたころだ。

「いったい銀行で何が起こっているのか、自分の目で見てみたい」

ジャーナリストを志した者らしい好奇心。母子家庭の一人っ子で育ったことから、大学卒業後は地元で親孝行をしたいとも思っていた。自身を育ててくれた近所の人たちに恩返しもしたかった。「地域貢献」を謳うその銀行は、働くにふさわしい場所に映った。

だが、彼が就職した二〇〇一年当時、不良債権処理に追われる銀行は、貸し渋り、貸し剥しを行っていた。資金繰りに苦しむ中小企業の人たちを目の当たりにした。

「みんなのお金を集めて、必要としている人に融通するのが銀行のはずなのに……」

自分の仕事に、違和感と閉塞感を覚えた。そんなある日、新聞の見出しに、くぎづけになった。国際協力に携わるＮＧＯ人材養成研修プログラムの参加者募集を伝える記事だった。実はその少し前から、社会貢献のために働くＮＰＯの世界に惹かれていた。

「このまま銀行にいるつもりはない。三〇歳までが勝負だ」

定員を超える応募も、意欲が買われ、採用された。会社を退職し、NPOで働くことを決意する。

「食えるわけがない」と友人は反対した。恋人にも思いとどまるよう、説得された。でも、気持ちは変わらなかった。

「自分のやりたいことが、ようやくはっきり見えてきたんです。先進国と途上国、都市と田舎というグローバリゼーション下での格差問題を解決していきたいって」

顔の見える関係、手の届く範囲で

とはいえ、収入も肩書きもない。先行きが不安で眠れない夜もあった。

だが、半年後。熱意で再び扉をこじ開ける。

国際青年環境NGO「A SEED JAPAN」のスタッフに就けたのだ。東京での忙しい日々。環境問題をわが身に引き寄せ、自分たちで社会を変えていく。同じ志を持つ仲間との活動は楽しかった。

そして、あるとき、NPOバンクの存在を知る。自分が求めていた金融機関のあり方が、そこにはあった。郷里で立ち上げたいと思った。同会のプロジェクトに位置づけてもらい、準備に奔走する。

ボランティア説明会を開くと、予想以上に若い人が集まった。人気ロックバンド、ミスター・チルドレンの櫻井和寿さんらが旗揚げした「ａｐ ｂａｎｋ」の影響もあった。中にはボランティアやＮＰＯのことを、よく知らない人もいた。そんな普通の若者たちがＮＰＯバンクを作ることに意味があると、彼は感じた。

一年ほどが経った、二〇〇五年一〇月に「ｍｏｍｏ」を設立。ドイツの作家、ミヒャエル・エンデの名作『モモ』から名づけた。モモという女の子が、「時間どろぼう」から時間を取り戻す物語である。

「『モモ』は慌しく生活するわたしたちにも豊かな時間を思い出させてくれます。わたしたちはこの事業を通じて、本当に大切なものを見抜く感受性や想像力を、自分たちの手に取り戻したいと願い、『コミュニティ・ユース・バンクｍｏｍｏ』と名づけました」（会のリーフレットより）

最初の年は、出資金を集めることに力を注いだ。実績も知名度もない。ましてや、若者が立ち上げた団体である。信用を得るには苦労したが、地道に一人ひとりに訴えた。そのかいあって、およそ一年で出資金は、貸金業に登録できる五〇〇万円に。二〇〇七年春に初めて融資し、活動を積み重ねてきた。今では、東海地方のＮＰＯバンクのさきがけと自負する。

いずれスタッフの中から会の融資を受けて起業する若者を輩出したいという。(3)

「出資者や出資額をそんなに大きくしたいとは思いません。顔の見える関係、手の届く範囲でできることを続けていきたい。僕たちがめざしているのは、貯蓄したお金が地域に回る『地産地消』を実現して、地域を元気にすることですから」

だが、ｍｏｍｏの活動は、あくまでボランティアだ。[4] 彼は、講演や講座の講師、コンサルティングなどで生計を立てている。企業の社会貢献活動やコミュニティビジネス支援、地域金融機関の研修講師など、ここでも地域事業のサポート役を務める。

暮らしぶりにも、思いがにじむ。仕事先であるオーガニック食材の宅配業者から野菜を取り寄せ、農に親しもうと、妻といっしょに市民農園に参加する。

「ＮＰＯの世界に飛び込んでから、何が仕事で、何が遊びで、何が暮らしなのか、自分でもよくわからない（笑）。でも、暮らしがあってこその仕事。ワークが先に来る『ワーク・ライフ・バランス』ではなく、『ライフ・ワーク・バランス』で僕はいきたい」

地元と暮らしに根を下ろし、身の丈を貫いていく。

（1）二〇一七年一月末現在、出資者数五四二人（個人五〇九、団体三三）、出資金四七六七万八六〇〇円。これまでに五九件の事業に計一億四〇六四万円の資金を融通。

（2）「ＮＰＯバンクは一般の銀行ではない。銀行法が認める銀行以外は『元本』の保証は許されない。したがって、元本保証が前提となっている『預金』という言葉は使えない。ＮＰＯバンクへの資金提供は、あくまでリスクのある『出資』だ」（田中優「おカネの奴隷からの解放」、田中編著『おカネが変われば世界が変わる』コモンズ、二〇〇八年）。
（3）二〇一七年一月現在、ボランティアスタッフから起業した二名の若者が、ｍｏｍｏの融資を受けている。
（4）二〇一七年一月現在、有給の専従スタッフが二名。木村さんも役員報酬をもらっている。

（二〇〇九年三月取材）

〈追記〉

二〇一〇年一一月、ｍｏｍｏ主催の完済祝いパーティーが、名古屋市内のバーで行われた。スタッフ、出資者あわせて三〇人ほどが参加した。

「お金は完済したけども、ｍｏｍｏのみなさん、出資者のみなさんとのつながりを、今後も大きくしていきたい」

岐阜県郡上市の山村でグリーンツーリズムなどを営むＮＰＯ「こうじびら山の家」（以下、こうじびら）。代表理事・北村周さんの挨拶に、会場から拍手が送られた。

北村さんは、里山に伝わる知恵や技を伝え、田舎に暮らす若者を増やしたいと、二〇〇七年、仲間とともに二三歳で起業。ｍｏｍｏから一五〇万円の融資を受け、事業を軌道に乗せた。

こうじびらは、ｍｏｍｏの第一回目の融資先である。木村さんの感慨もひとしおだった。

「毎月のように郡上に通ってました。事業の方向性をいっしょに考えたり、励ましたり。お金を貸す以外に支援できることはいっぱいあると教わった。僕自身、成長させてもらいました」

パーティーでは、こうじびらの歩みをスライドで振り返り、参加者から今後に向けてのアイデアも募った。

「自分の子どもと同じように、こうじびら山の家も成長していると感じられて、すごくうれしい」と語る出資者。木村さんもうなずく。

「お金を貸し借りした間柄には見えませんよね。これからも、いっしょに事業を作っていきたいと、みんなが思っているんですよ」

「スタッフの多くは、金融の知識も経験もありません。融資先にアドバイスなんて、とてもできない。でも、その事業を心から応援したいと思っている。だから、相手の話を一生懸命に聞く。活動を積み重ねて、たくさんの人に出会う中で、『この困りごとは、あの人に聞いたら解決するんじゃないか』と接着剤にもなり得る。コンサルタントにはなれなくても、ネットワークを生かしてコーディネートはできるんです」

アマチュアの若者が持つ可能性を、彼は感じている。

真心の商いをする老舗の金物屋

田中惣一商店
田中惣一さん　一九二七年生まれ
田中芳雄さん　一九五三年生まれ
田中明美さん　一九五三年生まれ

その包丁は、切れ味が抜群だった。サクッ、サクッ。心地いい音がする。軽く振り下ろすだけで、キャベツがスムーズに切れていく。

千切りにしたものを食べてみた。いつものより甘い。食感もいい。切れ味の良さが、美味さを引き出しているのだろう。

野菜を切るときに使う「菜切《なきり》包丁」。鋼が銀色に輝いている。柄には「越前　田中特製」の文字が焼き込まれている。七〇〇年の歴史を持つ伝統工芸品、越前打刃物を扱う「田中惣一商店」（創業は昭和二六年（一九五一年））。この手づくりの包丁は、同店おすすめのオリジナル製品である。

「菜切包丁は、福井では『ながたん』と呼ばれているんですよ。包丁の奏でる音が、お母さんの象徴なんです」

店売りを担当する明美さんがこう言えば、外商を担う夫の芳雄さんが笑顔で返す。

「トマトを切ってても果汁があまりこぼれない。『トマトって、こんなにおいしかったっけ?』って、お客さんによく言われますよ」

そんな二人を、父・惣一さんがやさしく見守る。

千葉県館山市に居を構えるこの店には、手づくりの刃物を中心に、掃除道具などの生活雑貨、コーヒーや手編みの靴下などフェアトレード品が並ぶ。

モットーは「本当にいいもの、笑顔がこぼれる店」。長年にわたって、地元の人たちの暮らしを支えている。

「細く、永く」の付き合いを

三人がさっそく、店で扱っている刃物を紹介してくれた。

まずは「カーネーション鋏」。細くて長くて、軽い。刃先を少し開いただけでよく切れる。

農家に要望を聞き、改良を重ねてできたものだという。

「ソテツ鎌」は、惣一さんが行商をしていたとき、ソテツの葉を苦労して切っている人を見て、編み出したものだ。柄が長く、刃は小さい。

「ソテツは葉元が針のようになっているから、さわると手を切ってしまう。これならケガをすることなく、葉元に引っ掛けるだけできれいに切れます。今では花農家の方に、菊やヒマワリを切るときにも使っていただいています」

明美さんが鍬を持ってきた。指ではじく。キーンキーンと、楽器のような音色がする。

「鉄と鋼だけでできとるからの。音が澄んでいる」と惣一さん。

「手が滑らないように、柄の端はちょっと曲げてあるんです」

鍬に、水仙さし、草取鎌、草刈鎌、菜花鎌、牛爪切、あじ切包丁、エサ切包丁……。

刃物にこれほどの種類があることに驚いた。どれも、福井県越前市などの職人に直接依頼し、何度もやりとりして出来上がった代物。「田中オリジナル製品」だ。使う人の動作や力の入れ具合など、きめ細かな配慮がなされている。

質のいい道具を求めて、地元の農家だけでなく、全国からも注文が寄せられる。

たとえば、この地の特産品で、おひたしなどで食されるものに食用菜花がある。指輪のように指にはめる小さな刃物＝「菜花摘み用爪」（収穫爪）を農家へ紹介したところ、他の地域からも注文が相次いだ。明美さんが用途を聞くと、春菊、モロヘイヤ、シソ、わさび、茶などさまざまだった。

包丁も根強い人気がある。東京のレストランで働く夫婦が、小ぶりで切れ味のいい「エサ切包丁」などを買いに、往復四時間以上もかけて訪ねてきたことも。その後、二人からは、包丁とおすすめの砥石持参でフランスへ修業に行っている、とメールが届いたという。

客へのもてなしも大事にしている。芳雄さんは毎日、常連客のもとに出かける。客のニーズに対し、可能なものはすぐに応え、アフターサービスに努める。惣一さんもしばしば、古くからの馴染みの客を訪ねる。店では、明美さんが気さくに応対し、商品を丁寧に説明する。「包丁・鎌研ぎ教室」も年に何回か開催。「少しでも長く使ってほしい」と、研ぎ方を手ほどきする。年末に行われた会は、「ほくほくの焼き芋を食べながら、フェアトレードのインドのチャイを飲みながらの和気あいあいとした時間でした」と明美さん。

上質な道具とともに、そうした姿勢が客に伝わるのだろう。礼状や土産物がしばしば届く。長年愛用していた裁ち鋏を研ぎ、新品同様に仕上げて送った人からは、「大、大満足です」と鋏の絵を付した手紙が届いた。購入した草刈鎌が「とても重宝していて、ありがたい」と、梨を送ってくれた人もいる。「ずいぶん前になるけど、親切にしてもらったので来ました」と再訪する人も。

客にもらった手紙に目を細めながら、明美さんは言う。

「お客様とは細く永く、おつきあいをしていきたいんです」

戦後まもなく行商から独立起業

創業は半世紀以上前にさかのぼる。福井生まれの惣一さんが、初めて館山を訪れたのは戦後まもないころだった。越前打刃物の行商として、親方に勧められ、足を踏み入れた。

「当時、館山に着くまでには汽車で二日かかりました。駅前の書店で安房郡の五万分の一の地図を一枚買って、その地図を頼りに歩きました。地下足袋に脚絆を巻いて、刃物を入れた柳行李を背負ってね。来るたびに一ヵ月や二ヵ月は農家のお客さんを回ったかの。木賃宿に泊まってね。

そのうち『館山は暖かいし、ここで店を開くのもええんじゃないか』と、思い切って親方から独立して、移ってきたんです。母さん（妻）にも『おまえも来いよ』ち言うて、連れてきた。二五歳のときです。しばらくは借家を借りて、そこを店にしました。お得意さんのところへ行くときには、自転車の後ろに柳行李を五段、六段積んで、刃物を持っていった。

お客さんに信用されるのは容易じゃなかったですよ。だけど、おかげさまで商売を続けるうちに『田中さんのところの刃物は値はちょっと高いけど、よく切れる』と喜んでもらえるようになったんです」

そして、昭和四三年（一九六八年）。今の場所に自宅も兼ねた店舗を構える。

長女の明美さんは、母親が病気で倒れたのを機に、二〇代初めに勤め先の会社を辞め、店の仕事に就いた。惣一さんの手伝いをしつつ、自分が実際に使ってよかったと思う洗濯石鹸や掃除用具なども少しずつ置いた。やがて、芳雄さんと結婚。以後、親子三人で店をもり立てている。

惣一さんが言う。

「お客さんは子ども、孫の代まで知ってますよ。嫁に行った人が里帰りすると、『おじさん、私のこと覚えてますか？』って聞くこともあるからのお」

長い歳月をかけて育ててきた客とのつながりが、この店の財産なのだ。

「今年も真心届けます」

軒先には洗濯バサミで、掃きぼうきや、あられを炒る容器が吊るされていた。

「昔の金物屋さんって、こうやって何でも吊るしてたのよ。昭和のイメージでいいでしょ」と明美さん。

ペルーのアルパカの手袋、ネパールの手編みの靴下なども、ぶら下がっている。これらフェアトレード商品を扱い始めたきっかけは、明美さんだった。

「お友だちにもらったフェアトレードのチョコレートがすごくおいしかったんです」

フェアトレード団体の展示会や学習会に通い、商品知識を得て、「公正な貿易」の社会的意義を学んだ。今ではコーヒー、チョコレート、オーガニックコットンの洋服やタオルなどが並ぶ。

「どれもお客さんのことを大切に考えて、一つひとつ丁寧に手づくりされたものですからね。生産者とも一対一の永いおつきあいの中で商品をつくっている。その目線は、刃物とも共通しているんですよ」

人を大切にする。それは、家族や近所づきあいにおいても変わらない。

お昼どき。近所の友人や、正月で帰省していた明美さんの息子夫妻とその娘、カーネーション農家を営む明美さんの妹夫妻も取材につきあってくれた。みんなでお寿司を食べる。冗談が飛び交うくつろいだ雰囲気。自分も、その大きな家族の一員になったような気持ちになる。

「この石、何だかわかります？」

明美さんたちが、身につけていたペンダントを差し出した。長さ二～三センチほど。色はこげ茶や黒。小さな貝のように見える。

「イルカの耳骨です。持っていると縁起がいいそうですよ。サーファーがいい波にめぐり合えたり、漁師が海難事故に遭わないんだって。最近の私たちのブームなの（笑）」

仕事の合間に、近場の海岸で集めているのだという。

「こういう楽しみを、みんなで味わえるのって、いいでしょ」

帰り際、店の入り口の小さな黒板が目に入った。白いチョークでこう記してあった。

「今年も真心届けます」

老舗の金物屋の心意気は温かく、刃物のように凛としている。


（二〇〇九年一月取材）

〈追記〉

九月の快晴の日曜日。夕方になって、神社のにぎわいはさらに膨れ上がった。長い参道の両脇に屋台が並び、境内では神輿が舞う。担ぎ手たちが歓声を上げる。

地元では「やわたんまち」の名で親しまれている「安房国司祭・鶴谷八幡宮例大祭」。平安時代から続くこの地方最大のお祭りだ。

「若い人は仕事で外に出ていても、お祭りのときにはみんな帰ってきます」と芳雄さん。

人々が旧友と再会し、喜び合う姿を何度も見た。館山という町のつながりを感じた。

この日、朝から訪ねると、一家で出迎えてくれた。結婚したばかりの明美さんの娘・瞳さん夫妻もいる。

芳雄さんに話を聞く。

「この夏は、イノシシが大変でした」

近年、イノシシが里に下りてきて、田畑を荒らすのだという。農家は電気を通す柵で敷地を囲み、イノシシの侵入を防いでいる。柵は店で販売しているが、お年寄りが自力で設置するのは難しい。そこで芳雄さんは仲間に声をかけ、連日、柵を張りに出かけた。ただし交通費はもらわない。

「柵は一〇〇メートル当たり、三万円以上はします。おじいちゃん、おばあちゃんの少ない年金から、これ以上お金をいただくわけにはいかない。お客さんが喜んでくれれば、それでいいんです」

高齢化が進む町で、自身に何ができるか。芳雄さんは、それを考えている。

「刃物を作っている鍛冶屋さんも、高齢化しています。後継ぎがいない人もいます。『自分の代で終わるのはしょうがない。残された時間は少ないけど、とにかくいいものだけを作ろう』と言われる。私たちの仕事は、そういう縁の下の力持ちである鍛冶屋さんたちを表に出してあげることなんです。職人さんたちが一生懸命に作った、いいものをお客さんに買ってもらいたい」

息子の輝樹さん、娘の瞳さんは、座右の銘に「勤勉・正直・感謝」を挙げる。介護福祉士を務め、妻と二人の娘と暮らす輝樹さん。医療事務の仕事に就くかたわら、看護師の夫を支え、女の子を育てている瞳さん。仕事は異なれど、店の精神は次代にも受け継がれている。

＊二〇一六年九月、田中惣一さんは八九歳で亡くなった。芳雄さんと明美さんが父の志を継ぎ、店を続けている。

大地と地域に根ざすオーガニックな種屋

たねの森　紙英三郎さん　一九七八年生まれ
紙　愛さん　一九七八年生まれ

「ここに植えているものですか？　ウコン、生姜、高黍《たかきび》、里芋、レタス、コリアンダー、春菊、大根……」

二月下旬。畑の大半を土が覆う。作物はほとんど見られない時季である。

だが、若き夫婦は、畝を一つひとつ指さしながら、栽培している野菜を教えてくれた。大切に育てていることがよくわかる。畑の隣には棚田も見える。

「三〇年ぐらい休耕田になっていたものを、友人たちの力を借りて耕しました。土手を作って、埋まっていた水路も掘り起こしたんですよ」

埼玉県日高市。秩父山地を間近に望む丘陵地帯。なだらかな斜面を見渡せば、あちこちに森や林が生い茂っている。小川が流れ、野鳥の声が聞こえる。

そんな静かな里山で、二人は家と土地を借り、仲間たちと農を営み、種屋を始めた。店の名は「たねの森」。野菜や花、ハーブなどあわせて一〇〇種類以上の種は、自家採種できる「固定種」（伝統品種）ばかり。農薬や化学肥料を使わずに栽培・採種されたオーガニックな種子を扱う。多くはアメリカやイスラエル、ドイツから仕入れたものだ。もちろん、自らも種を採る。

「ほんとうは自分たちの畑で採った種をもっと広めたいけど、お客さんが増えて、種の量が追いつかなくて。輸入した種でも、採り継いでくれれば」

英三郎さんが笑みを浮かべて、ゆっくりと話す。愛さんもうなずく。

「『種は自分で採る』という行為を復活させたいんです。昔からある種が、人から人へ受け継がれていってほしい」

里山で農ある暮らしを楽しむ

手がけている農地に案内してもらった。自宅近くの畑から、少し離れた果樹園へ。かつて桑畑だった土地を切り開き、杏やプルーン、レモン、ミカン、ザクロなどを植えている。

「実は、私たち、ここで結婚式もやったんですよ！」と愛さん。気さくで明るい人だ。

「友だちが料理を作ってくれて、みんなで歌って踊って、すごく楽しかった」

以来、ここで毎月一回（五〜一一月の最終日曜日）、「青空マーケット」を開くようになった。近所に呼びかけたところ、自家製の天然酵母パンや、趣味の陶器を持ち寄る人が現われた。福祉作業所の人たちが手作りの雑貨を販売すれば、郷土料理をふるまうお年寄りもいる。

紙さんたちも、おにぎりやお汁粉などを作って出店。どれも、自分たちの田畑の作物を使ったものだ。毎回一〇〇人ほどが集う。地域の人たちの社交場になればという。

さらに歩くと、小川が見えてきた。

「去年の夏から、友人たちに手伝ってもらって、川の掃除を始めました。ゴミを拾ったり、草を刈ったり。地域の人たちも参加してくださってます。昔は川で水を汲んだり、洗濯したり、田んぼに水を引いていたそうですからね。その姿を取り戻したいんです」

そして、もうひとつの果樹園を経て、二人がこの地に来ていちばん最初に作った畑へ。英三郎さんがおもむろに菜っ葉を摘んで、頬張った。

「これ、『わからん菜』っていうんですよ」

面白い名の野菜があるものだ。

「いえいえ、そういう品種があるわけじゃなくて。僕たちが勝手に付けただけです（笑）」

小松菜や蕪などを育てていたら、いつのまにかそれらが交配してできたのだという。

「混ざりまくって、品種がわからなくなったから『わからん菜』（笑）。茹でると、甘くておいしいですよ」

彼らは農のある暮らしを存分に楽しんでいる。

モザンビークでの経験が転機に

今、流通している種の大半は「Ｆ１」という交配種である。品種改良されたもので、安定した生産量が見込める。見栄えも良い。しかし、一代限りの種のため、農家は大手の種苗会社から毎年買い続けなければならない。全国で同じ品種が作られる一方で、各地の伝統野菜が追いやられている。Ｆ１種は農薬や化学肥料の使用を前提あるいは推奨されており、安全安心という面でも心配される。

「固定種でオーガニックな種が流通していないのなら、自分たちの手で広げよう」

彼らはそう考えて、仲間たちと「たねの森」を始めた。自らが「大地に根ざした暮らしがしたい」との思いもあった。

話は、大学時代にさかのぼる。当時、二人は内戦に見舞われていたアフリカの国・モザンビークの復興支援に関わっていた。とりわけ二〇〇〇年の大洪水後に訪ねたことが印象に残っているという。避難キャンプに行くと、被災者から食事を勧められた。

「家は流され、財産もなくして大変なのに、見ず知らずの人間のことを、ここまで思いやれるなんて」

彼の地の人たちのたくましさ、懐の深さに圧倒された。人々は、家は自分たちで建て直し、畑に種を蒔き、自ら作物を育てていた。自然とともに生きていた。だからこそ、常に動じることなく、人にやさしくなれるのではないか。

「モザンビークの人のようになりたい」

二人は、暮らしの根を支える食と農の道に向かう。

英三郎さんは日本に帰ると、有機農家のもとで働いた。ブラジルに渡り、モザンビークで知り合った友人からも農業を学んだ。帰国後は、固定種を扱う種苗店に勤めた。

愛さんは有機野菜の八百屋で働いた後、オーストラリアに渡り、農業をベースにした持続可能な暮らし＝「パーマカルチャー」を体験。伝統野菜の種を守るＮＧＯでインターンとしても働いた。二人が種と出会ったのは、奇しくも同じころだった。「もう何かに導かれたとしか思えない」と愛さんは振り返る。

そして、二〇〇四年五月、仲間五人で「たねの森」を立ち上げる。インターネットで世界中の業者を調べ、取引先を探した。仕入れた種は、実際に自分たちで蒔き、育て、実った野菜や果物を食べ、種を採るところまで確かめてから販売した。

とはいえ、店舗経営の経験はなく、売り方もわからない。ニーズがあるかも定かではない。

「独立した最初の年は綱渡りだった。『二足のわらじでやりなさい』と親は心配しました。だけど、ひとつのことに本気で取り組まない限り、絶対にうまくいかないと思ったんです」

英三郎さんはおっとりとした中にも、芯の強さを感じさせる。

今では北海道から沖縄まで、自然食品店など五〇店余りに種を卸す。家庭菜園の人気も手伝い、通販の客も増加。顧客リストは三五〇〇人を超えた[1]。

「あるもので暮らす」という流儀

自分たちが販売した種でお客さんが野菜を育て、種を採り、翌年にはその種を蒔いて、栽培する。この循環が続き、広がることが理想だと考えている。

「でも、それだと商売が成り立たなくなるのでは？」と尋ねると、全く構わないという。

「新しい仕事は、自分たちできっと作れると思うんです。『種子バンク』として、種を交換し合うネットワークを立ち上げてもいいし、いろんな方法が考えられる」

愛さんがこう言えば、英三郎さんも「将来のことはあまり不安に感じません。お金がそんなに稼げなくても、そこにあるもので、ずっと暮らしてきましたから」。

さらに、愛さんが話を継ぐ。

「人とのつながりもたくさんあるからね。仲間と助け合いながら、楽しみを分かち合うのも幸せなんです」

彼らの流儀は、「あるもので暮らす」。

「食事は、畑にあるものを食べる、っていう感じですね。夏は瓜やナスなどの果菜、冬は菜っ葉ばかり食べてます（笑）」

「青空マーケットを始めてみて、気がついたんです。何にもないと思っていた地域でも、まわりに働きかければ面白い人や場に出会えるんだって。パラダイスというのは、与えられるものじゃない。自分たちでちょっとずつ作り出していくものだと思う」

英三郎さんは、祖母が大事に育ててきた小豆の種を譲り受けた。二年かけて種を増やし、ついに商品になった。先祖代々受け継がれてきた種もまた、新たな人たちに受け継がれ、広がっていく。

「たねの森」のＷｅｂサイトに掲げられている言葉、「一粒万倍《いちりゅうまんばい》」。一粒の種を蒔けば万倍もの粒が実る、ということわざだ。

「私たちのこの小さな取り組みが、いつしか社会全体の取り組みとなり、豊かな自然環境、食文化を、守り継いでいけますように」

二人は一粒一粒の種を手渡しする気持ちで、暮らし、働いている。

（1）二〇一七年一月現在、種を卸しているのは六六店。顧客リストは一万六〇〇〇人を超え、年間約四〇〇〇人に種を送っている。たねの森のＷｅｂサイトには、たねの森の種や、固定種・在来種の種を主に使い、こだわりの方法で苗や野菜などを販売する農家も紹介されている。

（二〇〇九年二月取材）

〈追記〉

秋晴れのある日、彼らが主催する「青空マーケット」に出かけた。

木々が生い茂る果樹園は、円形の広場のようになっていた。芋煮のおいしそうな匂いが漂ってくる。自家焙煎コーヒー、ガラス細工、リフレクソロジーなど十数店のブースが囲む。中央の木陰では「もりのとしょしつ」と題して、子ども向けに絵本の読み聞かせが開かれていた。紙さん夫妻は、長女と参加。畑で採れた野菜や、愛さん特製のカモミールクッキーなどを持ってきた。たねの森に体験学習で訪れていた地元の高校生たちが、販売を手伝う。

赤ちゃん連れの夫婦からお年寄りまで、のんびり楽しんでいた。青空マーケットは近所のお年寄りがタクシーに乗り、日用品の買い出しに出かける姿を見かねて、始めたものだ。

「売上だけ考えたら、人通りのもっと多い場所でやったほうがいいのかもしれません。でも、それだと、ここで暮らしているおじいちゃん、おばあちゃんが歩いて来られなくなってしまう。月に一回、ここで近所の人と会うのを楽しみにしている方も多いんです」（英三郎さん）

友人たちとともに、毎月、公民館で地元のお年寄りから料理も教わっている。愛さんの顔がほころぶ。

「教えてもらっているのは、ゴーヤの砂糖漬けとか、栗の渋皮煮など地域の伝統食です。八〇歳以上のおばあちゃんばかりなんだけど、みなさん、超元気で、私たちが逆に圧倒されてます（笑）」

英三郎さんは、この地区で盆踊りを開きたいとも。愛さんがうなずく。

「隣の地区の盆踊りも、四〇年ぐらい前に一人のおっちゃんが言い出して、始まったといいますからね。たねの森といっしょで、展開していけば、きっとできるはずです」

住民運営の「百貨店」で農村を守る

有限会社　常吉村営百貨店　**大木満和**さん　一九四七年生まれ

「小さくても、何でもあるから百貨店、何でもするから百貨店なんです」

ログハウス風の店舗を、大木さんはこう言い表す。

京都府の北西、丹後半島の農村集落・常吉に店を構える「常吉村営百貨店」（以下、百貨店）。二五坪ほどの店内には、食品や日用雑貨、地元でとれた農産物など約二八〇〇種類の品が並ぶ。コピーや宅配便、クリーニングも受け付ける。地域で唯一の食料品店は、さしずめ〝村のよろず屋〟だ。

同時に、ここはお年寄りの生活をサポートする場でもある。宅配は無料で行い、請われれば、庭木の剪定から雪かきまでこなすのだから。

「ビジネスとしては非効率な部分があるかもしれません。だけど、高齢者の多い田舎には、こういう施設が絶対に必要なんです」

住民が出資し、運営するこの店は一九九七年の開店以来、地域を支えてきた。コミュニティビジネスの先がけといえる。

「『ここに住んでよかった』、『安心して暮らしていける』と、常吉の人たちが思える地域をつくっていきたいんですわ」

自称「村のガキ大将」は、ふるさとへの思いを熱く語る。

高齢者に生きがいを与える店

京都駅から電車を乗り継ぐこと、およそ二時間半。山並が見え、雑木林や田畑が続く。府道沿いに佇む木造平屋建ての店舗。正面の櫓に掲げられた、「常吉村営百貨店」の看板がひときわ目を引く。

店に入ると、収穫されたばかりの旬の野菜が出迎えてくれた。ほうれん草に大根、ニンジン、里芋。多くは、農業を営む高齢者から仕入れたものだ。

「おばあちゃんやおじいちゃんたちの生きがい、張り合いになっているんですよ」

作物を育てる楽しみ、店に持ってくる楽しみ、売れる楽しみ、売上金をもらう楽しみ、そして、そのお金で店で買い物をする楽しみ。そんな「五つの楽しみ」を感じているという。

おばあさんたちが着物の端切れで作ったバッグや巾着も販売。高齢者の活躍する出番が、随所にある。

客層はお年寄りを中心に、子どもから主婦、家族連れまで。人口五〇〇人ほどの地域で、多いときには一日六〇人ほどが店にやってくる。

客が来るたびに、大木さんは笑顔で話しかける。これから病院に行くというおばあさんには、「よかったら、帰りしな、車に乗せてってあげるよ」。大丈夫、大丈夫とおばあさんは、笑って応えていた。一人暮らしの高齢者には、御用聞きと安否確認を兼ね、時々、電話をかける。

「町へ買い物に行くには、自転車でも往復一時間はかかります。遠くまで出かけられないお年寄りには欠かせない店なんです」

店内には交流スペースが設けられている。客は買い物の合間に、ここでお茶やコーヒーを飲みながら、雑談できる。毎年秋には、店の駐車場で「パンプキンフェスティバル」を開催。農家がカボチャの重さを競うもので、カボチャの種飛ばし大会も行われる。屋台が並び、野菜市が開かれ、大勢の人でにぎわう。百貨店は地域の人たちをつなぐ拠点になっているのだ。

こうした取り組みに学ぼうと、自治体や研究者などの視察が相次ぐ。府からは「京都中小企業優良企業」にも選ばれた。だが、そこに至るまでには、いくつもの試練があった。

「ピンチをチャンスに」で創業

四〇年ほど前にさかのぼる。大木さんは高校卒業後、京都市内の衣料問屋に勤務。その後、常吉にUターンして、隣町でジーンズショップを始めた。

故郷に戻ったある日、高校時代の同級生とばったり再会した。

「最近、誰かに会《お》うたかい？」

友人たちの近況を尋ねても、相手は首を横に振るばかり。当時、地元は丹後ちりめんによる好況に沸いていた。人々は稼ぎを少しでも増やそうと、農業から離れ、朝から晩まで自宅で機織りに精を出した。そのため、地域でのつきあいがすっかり途絶えてしまっていたのだ。

同じ地に暮らしているのに、それではあまりに寂しすぎる。彼は友人たちに呼びかけ、毎月、飲み会を開く。やがて同世代で「十日会」というグループを立ち上げ、夏祭りなど村の行事を牽引していく。一九九五年には行政の後押しを受けて、「村づくり委員会」を結成。「まずは面白いことをやって、楽しい地域をつくろうじゃないか」と、ジャズコンサートや花火大会などを催した。

「『常吉に住んでて良かった』と思えることを、一つひとつ積み重ねていきました。イベントを通して仲間が生まれ、人材も育っていったんです」

「地域づくりは人づくりから」という思いがあった。

常吉は少しずつ活気を取り戻していった。だが、不意に人々を不安にさせる出来事が起きる。市町村合併に伴い、地元の農協支所の閉鎖が決まったのだ。このままでは食料品を扱う唯一の店が消えてしまう。住民たちは反対運動を起こした。彼も加わった。

しかし、地域が揺れる中、子どもたちから「『常吉には買い物できるところがない』と学校でバカにされる」と聞き、考え直す。

「いくら反対しても、農協の意向は止められそうにない。それなら、この場所を借りて、自分たちで店を作ったほうがいい。『ピンチはチャンス』と思うべきだ」

意見が変わったことに、当初は住民から疑問や批判を受けた。でも、彼はめげなかった。百貨店の構想を提案し、粘り強く説得。創業にあたり、一口五万円以上の出資を募った。

「普通だったら、出資は一本釣りで頼むでしょう。だけど、あえて一般公募にしました。『全住民でやるんだ』という意識を持ってもらいたかったんです」

呼びかけに三三人が応じ、三五〇万円ほどが集まった。農協からも資金を借り入れ、支所の米倉庫を改装。一九九七年一二月、「常吉村営百貨店」が産声を上げる。

彼は、小売店経営のキャリアと、全国の地域づくりの視察、そして高齢化が進む常吉集落の現況を踏まえ、仲間とも議論を重ねて店のコンセプトを決めた。

農業と福祉と暮らしを柱にし、地域活性化の拠点にする。リスクを抑えるために、設備投資がかさむ加工事業は行わない。よろず屋に徹し、地元の農産物や手作りこんにゃくなど特産品の販売に力を入れる――。

大木さんにとっては、ジーンズショップに続く第二の起業が始まった。

故郷を誇りに思える地にしたい

百貨店の経営は順調だった。ところが、開業一〇年を迎えるころ、原油価格の高騰による不況で売上が激減する。ここらが引き際かもしれない。大木さんは、「おかげさまで一〇周年」と銘打った宣伝チラシにこう記した。

「このまま経営をし続けることに限界を感じています」

「色々なご意見をお聞かせ下さい」

すると、一人暮らしのおばあさんから手紙が寄せられた。

「店をやめられたら食べていけない。何とか続けてくれないか。私一人が言ったところで、無理だとはわかっている。でも、続けてほしい」

切々と綴られていた。仲間たちに相談した。店に泊まり込み、一人で考え続けた。一週間が過ぎたころ、明け方、店の天井を仰ぐと、数年前に自治大臣（当時）からもらった表彰状が目に入った。地域づくりに取り組む先進的な団体として評価されたものだ。

「この賞状とおばあさんの手紙を見たときにね、『ああ、私のやってきたことは間違いじゃなかったんだ。何とか続けてみよう』と思えたんです」

コストを抑えるべく、当面はパートを除き、スタッフは全員ボランティアで臨むことに。在庫量や商品構成を見直して、経費はさらに節減。宅配サービスを徹底させ、高齢者の作る農産物をこれまで以上に多く仕入れ、販売した。店と地域の人たちが手を携え、危機を乗り切った。

新たな人材も加わった。東京のＩＴ関連企業で長年勤めていた東田さんという男性だ。彼の提案によって、大木さんをはじめ、店に関わる人たちが日々の出来事を綴る「常吉みんなのブログ」が立ち上がった。ネット環境の強化で、店を訪ねる観光客も増えている。

「先人たちが残してくれた田畑をもっと生かして、楽しい村にしたい。都会に出ていった人たちが、常吉を誇りに思えるようにしたい」

「昔の村には、仕事が終わればともに飲み、語り合い、作ったものを分け合うような楽しさがあった。その楽しさを、これからどんどん生み出していきたいんです」

大木さんの故郷に寄せる思いは尽きない。百貨店オープン以前には、町に掛け合って水道敷設を実現させるなど、その功績は幾多にものぼる。

「自分のことを放ったらかしにして、村のために頑張る『アホ』が世の中にはおるんですよ。こんな男もおるんだとわかってもらえたら、うれしいですわ（笑）」

（二〇一〇年三月取材）

〈追記〉

二〇一二年八月、常吉村営百貨店は幕を下ろした。大木さんが病気を患い、治療に専念することにしたのだ。なじみの客、一三〇軒ほどの家をすべて回り、閉店を告げた。

「やめるのは、もちろんつらかった。村の人たちにも惜しまれました。でも、この四年半かけて、店の借金は全部返せた。株主さんや常吉の皆さんにいっさい迷惑をかけずに、やめることができた。男のけじめをつけられました」

自宅の書棚には、百貨店に関する書類を束ねたファイルが何十冊も並ぶ。会議のレジュメや報告書、チラシ、写真など一五年の歩みがまとまっている。それらをひもときながら、視線は先に向かっていた。

「実は、東田君たちが百貨店を引き継ぎたいと、動き始めてくれてるんです。資料を整理しておけば、『このときは、こうした』とアドバイスもできる」

スタッフを務めていた東田さんが呼びかけ、閉店から一ヵ月後に「新しいつねよし百貨店を考える会」を開催。村の人、村外の人、お年寄り、子ども連れの母親などが集まり、思いを述べ合った。

「僕らと同じことをせんでもいい。若い人のアイデアで、どんどんやってもらえたら」と大木さんは期待する。

自身は療養しながら、自店のジーンズショップを手伝ったり、家の畑の面倒を見たりして、これからはゆっくり過ごすという。とはいえ、都市と農村の交流を通して、地域の活性化をめざす市民団体「京丹後塾」の塾長を務めるなど、献身ぶりは変わらない。

「人づくりこそ、村づくり」と後進に伝えていきたいという。

＊　＊　＊

「常吉村営百貨店」は、二〇一二年一一月から東田さん夫妻の呼びかけで「つねよし百貨店」

として再スタートを切った。だが、その翌年、大木さんは病で急逝してしまう。

新たな店のＷｅｂサイトには、こう綴られている。

「今一度、常吉村営百貨店の理念を受け継いで、『つねよし百貨店』として生まれ変わり、新たな地域の拠点としての機能を存続させたいというのが我々の願いであり、挑戦です」

大木さんの思いは、しっかりと伝わっている。

第5章

社会を変える

フェアトレードでスローな暮らしを

スローウォーターカフェ有限会社　藤岡亜美さん　一九七九年生まれ

彼女の名前は、それまで何度も目にしていた。

大学を出るとすぐに、日本初の社会起業家コンペ「ＳＴＹＬＥ２００２」と、東京都主催の学生起業家選手権でともに優秀賞を受賞。二〇〇三年に、南米エクアドルとのフェアトレードで、コーヒー豆や雑貨などの輸入・販売を手がける会社「スローウォーターカフェ」を友人と立ち上げた。エクアドルの伝統的な手編みで作った水筒ホルダーを現地の人と相談して開発、エコムーブメントにつなげるなど、そのアイデアと行動力がメディアからも注目を集めた。

「チョコが一役　恋も南米の暮らしも応援」。バレンタインデー・シーズンには、エクアドルの人たちと共同開発した唐辛子入りのチョコレートが東京の大手デパートに並び、新聞の一面で大きく報じられた。

「社会を変えるには、学問も運動も大事だけど、ビジネスという方法がいちばんいいと思ったんです。みんな、毎日買い物をするわけだし」

少し高い声で、語尾をわずかに伸ばしてしゃべる。心なごむ雰囲気を漂わせる。

「収益はそんなに上げられなくても、楽しさでは世界一といえる会社にしたいんですよ」

エクアドルの「豊かさ」に出会う

メディアの取材に加え、講演やシンポジウムに招かれることも多い。

「どうして自分が注目されていると思いますか？」と聞くと、彼女は大きな瞳をこちらに向けて、笑った。

「けっこう変わってるからですかね」

気負いや浮ついたところは、全く感じない。

「『何度も同じことをしゃべるのは、ちょっとイヤだな』と思ったことも、最初のころはありました。でも、エクアドルの状況がメディアで伝えられることは、ほとんどありませんよね。『話を聞きに来てくれた人に伝えるのも、仕事のひとつじゃないの？』と友だちにも言われて。確かにそうだなって。だから、どんどん聞いてください！」


赤道直下の国・エクアドル。面積は日本の約三分の二、人口およそ一三〇〇万人の国である。

彼女が初めて訪れたのは、大学二年のときだった。「スローライフ」を提唱する文化人類学者で環境運動家の辻信一さんのゼミに入っていた。

「僕の友人が住んでいるんだ、行ってみたらどう？」

辻さんにそう勧められ、友だちと二人でバックパックを背負い、エコツアーに参加した。

「すごく、かっこいい国だと感じました」

彼女は、実にうれしそうに語る。

「バスの中がとても印象的だったんですよ！　たまたま席が隣り合った先住民のおばあさんと、すっごく大きな黒人のお兄さんが楽しそうに話してたんです。知らない人が私のひざに赤ちゃんを乗せてきたり、大きなズダ袋を抱えて乗り込んできた人がいると思ったら『ブヒブヒ』と豚の鳴き声が聞こえてきたり。ラジオからも、アンデスのフォルクローレからマリンバの黒人音楽まで、いろんな曲が流れてくる。色の鮮やかな民族衣装を着ている人もいるし、もう、すごくワクワクしました」

エクアドルは方言を含め一三の言語を、人々は使う。先住民をはじめ、さまざまな人種・民族の人たちが暮らす。その多様性の持つ豊かさに、彼女は惹かれた。以来、フィールドワークなどで足繁く通うことになる。

自然との共生、持続可能な暮らし

ある村で聞いた村長の話にも、衝撃を受けた。

人口三〇〇人ほどの小さな村。森や川に恵まれた地は、鉱山開発で揺れていた。日系企業による開発は、森林を伐採するなど村の自然を根こそぎ汚染、破壊した。川の水を飲んだ家畜は倒れ、水遊びをした子どもは皮膚病にかかった。村の人たちは、開発のことを何も知らされていなかった。業者に何度も話し合いを求めたものの、全く相手にされない。人々は意を決して、実力行使に出た。業者の機材を運び出し、採掘キャンプに火を放った。

ろうそくが灯る民家の内庭で、村長は淡々と話した。村人たちも穏やかで、藤岡さんらをあたたかく迎え入れてくれた。

「日本人でいることが、すごく恥ずかしかった。そして、彼らのことをもっと知りたいと思ったんです」

いったん帰国後、同級生たちが就職活動に勤しむ中、「今の私には、こっちのほうが大事だから」と単身、村を再訪する。

村には、自然に寄り添う暮らしを選び取る人たちがいた。ある者は、森の中でコーヒーの有機栽培に挑んでいた。木々を伐採せず、農薬は使わない。バナナやパパイアなど他の樹木と混生した、森の生態系を守る持続可能な農業である。

滞在先の家の青年も、その一人だった。焼畑農業が盛んな地にあって、彼はこう言った。

「この仕事で生活が成り立てば、焼畑をやめる人たちが出てくるかもしれない。他の国の人たちも、鉱山を必要とするようなエネルギー消費型ではない暮らしを選ぶかもしれない。だから、僕はこの仕事を続けていきたいんだ」

三人の子どもを抱える女性とも知り合った。彼女は化学肥料や農薬を使わずに育てる「カブヤ」という麻を使い、手編みでバッグやベルトなどを制作。近隣の仲間と、三〇人ほどの生産者グループを組織していた。染色は森の木の実で行う。子どもが森で遊ぶかたわら、彼女たちは仕事に励んでいた。会議のときも赤ちゃんに授乳しながら、話し合っている。

「子どもといっしょに、自然に心地よく仕事をしている。なんて、かっこいいんだ」

同性として、その姿に憧れた。

「彼ら彼女らの生き方や考え方に、私たちが学ぶことはたくさんある。気持ちを込めて作った物を、日本の人たちに知ってほしい。そして、物を通して、村の人たちのストーリーを伝えたい」

やりたいことが、次第に芽ばえていった。

「足りない分だけつながれる」

帰国後、アースデイやフェアトレードのイベントに精力的に足を運び、エクアドルから仕入れたコーヒー豆や雑貨を販売した。コーヒーの焙煎方法を学ぼうと、コーヒー豆を輸入・販売している会社でアルバイトに励んだ。辻さんらが結成した環境ＮＰＯ「ナマケモノ倶楽部」にも参加。スローライフ、スローフードを掲げるカフェ、東京・国分寺市の「カフェスロー」開店に協力した。

就職活動では、環境系企業の説明会を訪ねた。「どうして、この仕事をやろうと思ったのか」という彼女の質問に、エコツアーのコンダクターがこう応えた。「たまたま配属されただけです」

組織に入ったら、必ずしも自分の興味があることができるとは限らない、と思った。そういえば、日本で初めての社会起業家のコンペがあると、母親が新聞記事を切り抜いてくれていた。就職ではなく、いっそ起業したほうがいいかもしれない――。

NPO法人ETIC.が主催する「STYLE2002」に、フェアトレードカフェのプランを応募した。カフェは前からやりたいと思っていた。エクアドルの人たちの暮らしを支え、彼らのことを多くの人に伝えるには、カフェはもっともふさわしい形と考えていたからだ。思いの丈を語ったプレゼンテーションは、審査員の一人が感動のあまりに涙を流すほど素晴らしいものだった。結果、優秀賞・感動賞をとる。

その翌年には、東京都中小企業振興公社主催の「学生起業家選手権」でも優秀賞を受賞。そこでの賞金三〇〇万円を元手に、二〇〇三年七月、大学の後輩三人と「スローウォーターカフェ」を始める。

当初、スタッフはアルバイトをしながら生活を賄っていた。でも、今では、全員この仕事だけで食べていけるようになった。卸売りを中心に、年間の売上はおよそ三〇〇〇万円にまで達している。

会社で扱っている商品は、エクアドルの人たちと話し合い、日本人の好みに合わせて、作り出したものばかりだ。カブヤ編みの雑貨はバッグから水筒ホルダー、ｉＰｏｄケースにまで種類は広がった。ヤシの実を加工して、象牙のようにあしらったブレスレットや指輪もある。コーヒー豆は大手スーパーに出荷している。

自身、初めての子どもも授かった。

「夜中に起きて、おっぱいをあげるのは眠かったけど、母と子のとても濃密で幸せな時間でした。エクアドルの女性たちのように、日々の暮らしを大事にして生きていきたい」

仕事に割ける時間は減ったが、彼女はそれも楽しんでいる。「足りないものは嘆くことではなく、その分だけ誰かとつながれる」と思うからだ。スタッフに理解してもらい、いっしょに歩めることがうれしいという。女性が子どもを育てながら、ずっと働ける場にしたいとも。

辻信一さんの著書『スロー・イズ・ビューティフル』（平凡社ライブラリー）に、彼女は解説文を寄せている。

「鍋に敷いて、ふろふき大根のように、静かにゆっくりと煮込んでゆくような暮らしが、私たちにはあるのだ」

子育てをする中で、その思いはますます深まっているに違いない。

（二〇〇七年一一月取材）

〈追記〉

東日本大震災後、藤岡さん一家はすぐに東京を離れ、京都に一時滞在。さまざまな縁を経て、宮崎県串間市にたどり着いた。

彼女は、三人の子の母になっていた。長男と次男を代わる代わる抱っこしながら、話を続ける。

「原発事故で何が起こっているかわからない時、子どもたちのことも考えて避難しました。それに震災の後、買い占めがあったじゃないですか。お金がなかったり、エネルギーがストップしたりしたら、都市では生きていけないと実感した。土とつながったり、森があったり、コミュニティがあったほうが安心すると思ったんです」

実はその少し前から、地方に移り住んで農業をやりたいと考えていた。それが、震災で背中を押された格好になったとも。

串間の新家は、三方を山に囲まれ、目の前にはビーチがある。住まいと田畑を合わせて約三〇〇坪。ハチの巣箱を置き、ハーブや果樹を植え、山羊を飼う。敷地内に社屋を構え、フェアトレードの業務も続けていく。新しい暮らしと仕事である。

「まずは、自分のできるコーヒーの焙煎から始めようと思って、黒大豆や玄米、そばや雑穀を焙煎したものと、コーヒーとブレンドして『霧島コーヒー』を作りました。地元特産の日向夏みかんやキンカンとチョコレートを組み合わせた商品も企画しています」

串間では九〇年代に住民たちが日本初の市民発電所を旗揚げ、太陽光パネルを一人五万円で買い、そこで発電した電気を九州電力に売った。そうしたコミュニティでの自給自足を紡いでいきたいという。

「食べ物は買ってくるんじゃなくて、種を蒔いたり、畑を耕したり、もっと自分の体を使うところから学び直したいんです。そっちのほうがリアルだなって。そうやって、原発を必要とする社会のしくみ、消費のあり方を変えたい。『今までの文明は一回、終わったんだ』ぐらいに考えないと」

「エクアドルの人たちって、あらためてすごいと思いました。開発で村にお金がいっぱい入ると聞かされても、『いちばん大事なのは命だから』と開発を受け入れなかった。手仕事と有機農業で暮らしを立てて、世界ともつながっている。その直感や、淡々とした行動力はすごいなって」

彼女はわが子をあやしながら、こうつぶやいた。

「子どもたちが自然の中で走り回るそばで仕事もできるし、自分でも楽しみなんです！」

生活者が科学技術の主役に

NPO法人 市民科学研究室　上田昌文さん

「BSE問題をとらえなおす」、「非電化は愉しい――〝新しい豊かさ〟を創るために」、「ナノテク化粧品は安全か？」……。バイオテクノロジーから核・原子力、薬害、廃棄物、軍事技術、科学教育まで。

「まるで百科事典みたいでしょ」

主催する「市民科学講座」のラインアップを紹介しながら、上田さんが微笑んだ。講座は足かけ一六年、計一八二回に及ぶ(1)。

「私たちは科学技術の恩恵を受けつつ、その一方で遺伝子組み換えや地球温暖化に不安も感じている。それらの問題を専門家任せではなく、自分たちで考える場にしたい。市民が調査研究し、専門家と対話しながら政策に反映させていく。それが私たちの掲げる『市民科学』です」

赤門で知られる東京大学本郷キャンパスの間近に、市民科学研究室はある。細い路地に佇む築一〇〇年の木造家屋の一室だ。

主婦や会社員、教師、フリーライターなど、会員の職業はさまざま。講座のテーマは、参加者の話し合いで決め、三ヵ月ほど調査研究をする。

「みんな素人だし、仕事なども抱えているので時間はかかります。だけど、素人なりに頑張って勉強すれば、かなりの問題提起ができるんですよ」

大学や企業とも連携して

象徴的な例として、二〇〇一年に行った東京タワーの電磁波調査を挙げる。携帯電話などの電磁波による人体への影響を調べたものだ。自身を含め四人のメンバーで、約半年かけて東京タワー周辺の二五五ヵ所で計測、データを解析した。

その結果、病気との関連については明確な結論が出せなかったが、放送電波の強さの分布は明らかにできた。最も強い地点では、電子レンジの近くに立っているときと同じぐらいの数値を示した。このことはマスコミで報じられ、学会にも発表した。

「単純な調査ですけど、誰もそれまでやってこなかった。今後、放送電波のリスクを考える際の手がかりになるでしょう」

彼らのいう「専門家との対話」とは、単なる議論ではない。問題解決のための具体的な連携を指す。

調査方法がどうしてもわからないとき、自分たちでは入手できない高価な調査機器が必要なとき、上田さんたちは大学や研究機関に足を運ぶ。すると、快く協力を得られることが、幾度もあった。企業もサポートを申し出てくれた。

「こちらが勉強を重ねて、真摯な態度で取り組めば、応えてくれる人は必ずいる」

市民科学講座からは、研究会やプロジェクトが生まれている。「食の総合科学」、「ナノテクリスク」など四つの研究会。「携帯電話と子どもに関するアンケート調査」をはじめとした五つのプロジェクト。それぞれに数人から一〇人ほどが参加する。一～二年がかりで取り組むプロジェクトは、政策提言など社会的な活動につなげていくものだが、ここでも大学の研究者や企業からサポートを受けている。活動費は会費やカンパ、財団などからの助成金でまかなわれる。

二〇〇七年春のシンポジウム「科学技術は誰のために？」は、独立行政法人・科学技術振興機構（ＪＳＴ）社会技術開発センターの研究助成により開催された。住まい、食、環境、医療などの技術にくわしい研究者やジャーナリストらを招いたこの企画でも、対話の姿勢が貫かれた。事前にパネリストにインタビューをし、Ｗｅｂサイトに掲載。ＹｏｕＴｕｂｅでパネリストからの映像メッセージを流した。それに対して、読者が意見や質問を自由に書き込み、当日の議論につなげた。

「生活者に対して、科学技術情報がまだまだ十分に開示されていない。こうしたインタラクティブな取り組みが広がってほしい」と彼は言う。

反核・反原発運動との出会い

大学在学中は、生物学を専攻していた。

「次々と新しい発見が出てきた時代で、とても面白かった。ノーベル賞をとる研究者になるのが、理想でした」

ところが、転機が訪れる。友人の紹介で、反核を掲げる市民運動グループの通訳を頼まれた。来日中の、核廃棄物の海洋投棄に反対する太平洋諸島の人たちに同行した。驚いたのは、彼らの政治意識の高さだった。中学生や高校生が、日本の大臣や官僚を前に、堂々と自らの考えを述べていた。

「僕は大学生なのに、いったい今まで何をしてきたのか。もっと社会に目を向けなければ」

以来、反核・反原発の市民運動に関わっていく。一九八六年のチェルノブイリ原発事故後には、運動の先頭に立った。学業にも精を出し、大学院の博士課程に進学。イギリスへの留学を志す。しかし、なかなか踏み切れなかった。

「自然科学で学んだことと市民運動の経験を生かしたい。社会的な活動のほうが自分の性には合っているのかもしれない」

悩んだあげく、アカデミズムから離れ、科学分野での市民活動を立ち上げようと、心を定めた。学習塾の講師をやって糊口をしのぎつつ、最初に企画したのが「科学と社会を考える土曜講座」。「市民科学講座」の前身である。塾の一室を借りて始めたところ、友人ら同世代を中心に予想以上に好評を得た。

「職業の違う人たちが自由に議論し、交流する機会が今の大人たちには、いかに少ないか。こうした場を欲している人が、確実にいることを実感しました」

回を重ねるうち、メンバーは増えた。勉強会もいくつか生まれた。仕事をしながらでは、だんだん追いつかなくなってきた。

思い切って塾を辞め、活動に専念することに。講座を始めて七年が経っていた。翌二〇〇〇年には「市民科学研究室」と改称し、本格的にスタートさせる。

生計を立てるのは決して楽ではなかった。貯金と、会員からの会費などでやりくりした。やがて調査研究の力量が認められ、ＪＳＴの研究助成を受託。今では自身を含め二人の専従スタッフと、アルバイト研究員六人を抱える「科学ＮＰＯ」と自負できるまでになった。

「リビングサイエンス」を求めて

「市民科学」という思想には、先達がいる。

公害が社会問題になっていた一九七〇年、東大で「公害原論」の自主講座を開いた衛生工学者・宇井純さん。核問題や反原発の運動に取り組み、一九七五年に市民シンクタンク「原子力資料情報室」を設立した核化学者・高木仁三郎さん。

上田さんも、直接間接に二人から影響を受けてきた。そして、市民科学とともに、「リビングサイエンス」という考え方を提唱する。

「日々の生活をより良くするために、自分たちの手で科学の知識を再編集する。たとえば、温暖化防止のために電気の消費量を減らす動きが起こっている。だけど、家庭の中で何がいちばん電気を消費しているのか、僕たちは知らないじゃないですか。そんな身近なところから把握して、生活を変えていくことが大事だと思います」

少し前から、自分で味噌を仕込み始めた。

「日本人の多くは、いまやビニールのパック詰めの味噌をスーパーで買っている。確かに便利になったかもしれません。でも、できあいの技術を外からいっぱい押しつけられているともいえる。地域で受け継がれ、生活に根づいてきた知恵がどんどん失われている。それを復活させることが必要なんじゃないか」

リビングサイエンスとは、かつての知識や技術をよみがえらせることでもある。

（1）二〇一七年一月現在、計二九四回に達している。

（二〇〇七年四月取材）

〈追記〉

事務所は都内の下町、千駄木に移転した。坂道が多く、昔ながらの商店や家並みが残る、風情漂う町である。

この界隈で、電話会社が光回線供給のために巨大サーバービルの建設を計画、建設差し止めを求める訴訟が起こされた（二〇一二年に和解が成立）。サーバービル建設に伴い、電磁波がどれぐらい増えるのか。上田さんは、不安に思う住民たちに請われ、会社側の説明書類を分析した。市井の科学者として、頼りにされているのだ。

新しい研究会も生まれた。ひとつは、「科学コミュニケーションツール研究会」だ。

「生活習慣病の予防には、日頃から食事や運動に気をつけることが大事です。でも、わかっていても続かない人が多い。ゲーム感覚で健康管理に取り組める手法を考えています」

日本の住宅を問い直そうと、「住環境研究会」も立ち上げた。

「住宅って、一生に一回か二回の、とてつもなく高い買い物なのに、住まいの寿命や耐震など知らないまま買ってしまいがちです。家を購入するときに最低限知っておくべき情報を提供したい。同時に行政も業者も市民も、『住宅は基本的人権のひとつであり、社会資産である』と意識を切り替えていかなきゃいけない。ハウスメーカーや建築家の方たちにも研究会に参加してもらって、住宅政策を変えていきたい」

自宅ではウサギを飼っている。

「子どものころから動物を観察するのが、すごく好きなんです。『なぜ、この野菜が好きなのか』、『どこをどんなふうに、なでてあげると気持ちよく感じるのか』と考え始めると、いろいろ発見があります」

ワインにも凝っている。安くておいしいワインを探そうと、月に一ダースぐらい買って、毎回、違う銘柄を飲んでいるという。

「ブドウの品種、産地、生産者、年代などから、自分の好みに合う理由、合わない理由を考えるのが面白いんです」

そして、根っからの科学者は、こう言って胸を張る。

「大学の同級生たちに比べれば、僕の収入は『おまえ、何してんねん』と言われるぐらい少ないかもしれない。だけど、誰からも縛られない生き方ができている。引け目はありません」

まちのおばちゃんの力で子育てにやさしい地域を

NPO法人 ふれあいの家―おばちゃんち
渡辺美惠子さん 一九四三年生まれ

旧東海道に面した、宿場町の名残漂う東京・北品川商店街。魚屋、海苔屋、文具店など老舗の店が並ぶ。しばらくすると、木造二階建ての家屋が見えてきた。江戸情緒を感じる佇まい。NPO法人「ふれあいの家―おばちゃんち」が運営する保育施設、「子育て交流ルーム　品川宿おばちゃんち」[1]だ。

入り口のそばで、ベビーカーに乗った赤ちゃんが、女性スタッフに揺すられながら昼寝をしている。部屋の中では、三歳の女の子が元気に走り回っている。スタッフに紙芝居を読んでもらっている子もいる。フローリングと畳敷きに分かれた五〇平方メートルほどのスペースには、キッチンが付いている。

「できるだけ家庭に近い環境で、お子さんをお預かりしたかったんです。世代を超えて、地域のいろんな人がここに集まって、みんなで子育てに関わる場にしたい」と渡辺さんは言う。

若い母親が通りがかると、「よかったら、今度、遊びに寄ってってって」と気さくに声をかける。

「おばちゃんち」という名の会の代表にふさわしく、世話好きな人なのだ。
「知らない人とも、すぐに知り合いになっちゃう雰囲気がこのまちにはあるのよね」
子どもたちからは「みこちゃん」と親しまれる彼女は、老若男女誰もが和めるまちをめざしている。

「おばちゃんち」に込めた思い

二〇〇六年一一月にオープンした「子育て交流ルーム　品川宿おばちゃんち」。空き店舗を改装したスペースは、品川区から助成を受けた、まちづくりを進めるNPO法人「東海道品川宿」との協働事業として生まれた。商店街の活性化と子育て支援をつなげた取り組みである。

年会費二五〇〇円、一時間五〇〇円で子どもを預かっている。利用は一日四時間以内が原則（五時間目からは一時間六〇〇円）。生後三ヵ月から就学前までの子どもが対象だ。自宅で仕事をしている人、病院に通う際に利用する人、時には夫婦でゆっくり過ごしたいと思う人などが活用している。

「短時間でも気軽に預かっていただけるので、とても助かっています」

この日、子どもを迎えにきた母親も、そう感謝していた。

スタッフは、保育士やベビーシッターを長年務めていた人を中心に、子どもの数に合わせて配置。保育経験の豊富な人が関わっているため、安心感も大きい。

「でも、『子育て支援ＮＰＯ』とは言いたくない」と渡辺さんは言う。

「私たちの活動は、子育て・子育ちにやさしい『まち』をみんなでいっしょにつくっていく『まちづくり』だと思ってるんです」

地元の人たちが集う場にしようと、施設の正面には小さなカフェを設けた。店長は、おばちゃんちの利用者で、その後、スタッフになった人の妹だという。

「『自分で店を開いて、コミュニティビジネスをやってみたい』と聞いて、お任せしました。お店をやった経験はないけど、独立採算で挑戦してもらっています。人づくりっていうと大げさですが、みんなで育ち合う場にしていきたいんですよ」

「おばちゃんち」という名には、渡辺さんたちの思いが込められている。

放課後、元気なく歩いていると、「どうしたの？」と励ましてくれる。家の鍵をなくして困っていると、「お母さんが帰ってくるまで、うちで遊んできな」と声をかけてくれる。そんな「おばちゃん」が、かつてはどこの町にもいた。

「自分の子ども時代をふり返っても、近所のおばちゃんたちに育ててもらった気がするんですよ。今の子どもにも、気楽におしゃべりできるおばちゃんのような存在が必要だと思った」

この活動を始める前、彼女は三〇年以上にわたり、児童館で働いていた。子どもたちと接していて感じたのは、彼らのまわりには「先生」があふれていることだった。

「スイミングの先生に、お絵描きの先生、塾の先生……って先生ばっかり。でも、『おばちゃん』とか『おねえちゃん』とか、いろんな呼び名の大人がいるほうが、子どもたちの暮らしを豊かにすると思ったんです。だから、児童館を退職したら、『おばちゃん』と呼ばれるのが夢だったの（笑）」

母親の介護に専念したいと、定年の二年前に退職。人事異動も控えており、「新しい職場に移っても、二年間では仕事も中途半端に終わってしまう」と考えての決断だった。

退職後は、以前から関わっていたボランティア活動に熱が入った。電話で子どもたちの悩みを聞く「チャイルドライン」などに参加。大学の公開講座に通い、ＮＰＯについても学んだ。そして、自分が育ったまちでも、子育てを軸に異世代がふれあう場をつくってみたいと思い始める。

児童館に勤めていたころから、子育てに悩む母親のことも気になっていた。力になりたいと思った。カウンセリングの勉強会で知り合った人たちにこの話をしたところ、たちまち意気投合した。地元の保育士や児童館職員、職場時代の後輩たちにも声をかけ、二〇〇二年、「おばちゃんち」の活動をスタートさせる。

子どもから高齢者までみんなで育ち合う

終の住み処にと、退職金と貯金をはたいて買ったマンションの一室を、活動の場として週一日開放した。

「私は実家で母親と住んでるから、当分この部屋は使わない。ぜいたくついでに、おばちゃんちの拠点にしちゃおうと思ったんです」

「みこおばちゃんち」と名づけた1LDKの部屋。やってきた親たちは子どもを遊ばせながら、子育ての悩みを打ち明けた。昼食やおやつをいっしょに食べた。大家族のようなあたたかい雰囲気が喜ばれた。

毎月一回、児童館で地元の高校生や大学生、お年寄りが子どもたちと遊ぶ企画も始めた。児童館で小さいころによく遊んでいた若者たちが、協力してくれた。

「彼らは中高生になっても児童館に時々やってきて、幼い子の面倒を見てるんです。職員さんや地元の人たちが、きっとそういう育て方をしてくれているんでしょうね」

このまちが持っているコミュニティの力にも活動は支えられた。

「保育サポーター養成講座」も開催。渡辺さんら専門家が講師になり、子どもの発達についての講義と、紙工作・絵本の読み聞かせといった実習の計三〇時間のプログラムを行っている。若者から中高齢者までのサポーターが生まれている。母親たちが区の施設などで学習会を開く際には、彼らが派遣され、子どもの世話をする。

「『ここで学んだおかげで、社会に出て働くことができた』という保育サポーターの方もいます。専業主婦でそれまでは家庭から一歩も出なかったのが、仲間といっしょに学んだことで自信をつけたんでしょうね。『今、パートで働いてます！』と聞いて、とてもうれしかった」

「品川宿おばちゃんち」で働くスタッフは四人。[2]常勤二人、非常勤一人、パート一人の構成だ。区の児童館職員一人の給料に相当する人件費を四人でシェアしている。非常勤のスタッフは、保育士をめざす女子高生だ。

「常識的には考えられない職員採用かもしれない。だけど、彼女をピカイチの保育士に育てることも、私たちの活動にとって大事だし、楽しみのひとつでもあるんです」

「Slow（ゆっくり）」、「Safety（安心安全）」、「Slendar（小さく）」。「三つのS」を活動の指針に掲げる。

「私、ひとつ野望があるの」

　彼女が笑みを浮かべて言う。

「この界隈が子育てにやさしいテーマパークになったらいいなと思ってるんです。近くの高層マンションに住んでいる親子を、平地に誘い出したい。マンション暮らしでの子育ては孤独に陥りがちで、大変だと思うから。地べたに足をつけてリラックスして過ごす時間は、子どもが育っていく上でも、とっても大切なのよね」

　会を大きくしたいとは思わない。地域のあちこちに、「おばちゃん」がたくさん生まれてほしいと願っている。

（1）二〇一三年四月、京浜急行・新馬場駅近くに移転。
（2）二〇一七年一月現在、子育て交流ルームは二つ運営している。スタッフは約二〇人。

（二〇〇六年一二月取材）

〈追記〉

事務所では若い母親三人が作業をしていた。夏休み中の小学生が、隣の部屋で宿題をやっている。ここは渡辺さんの実家。母親が亡くなってから一階を開放し、会の事務所に使っている。区の委託事業として、近くの公園で「冒険ひろば」もスタート。月曜から土曜日の午後、子どもたちの外遊びを応援する。泥遊びや水遊び、木のぼり、火おこし体験もできる。

区内の子育て情報見本市「品川子育てメッセ」にも、〇七年から取り組んでいる。行政や企業、NPO、自主グループ、個人商店などがブースを出し、子育てに関する情報を伝える。

渡辺さんは、部屋で作業に勤しむ母親たちを指し、「今日ここにいる人は、みんな、子育てメッセのメンバーよ」と言った。

「参加者の感想でうれしいのは、『イベントを運営している人たちが楽しそうだった』ということ。『見ていたら、私もやってみたくなった！』って、実行委員になるんです」

子育て中の母親が生き生きしてくる。つながりの中で元気になる。彼女は、何よりもそれを喜んでいるのだ。

冒険ひろばでは、ドラム缶風呂を沸かしていた。まずは、薪割りだ。あらかじめ用意された端材を、子どもたちがスタッフに教わり、鉈で割っていく。バケツで水を汲み、ドラム缶に注ぐ子もいる。

母親たちはわが子を見守りながら、おしゃべりに花を咲かせている。子育ての仲間づくりの場にもなっているのだろう。

「通い続けるうちに、子どものケンカをうまくさばけるようになっていく。親が経験を積む場にもなっているんです」

しばらくして、お湯が沸いた。子どもたちは競って、風呂に浸かる。渡辺さんも服を着たまま、いっしょに入った。「みこちゃん」が来てくれて、子どもたちはうれしそうだ。

彼女は、母親たち、とりわけ初めて参加した人にも話しかけていた。緊張気味だった人も打ち解けていく。

子も親もホッとする。それが、「おばちゃん」という存在なのだろう。

＊二〇一四年、渡辺さんは病気で亡くなった。「おばちゃんち」を共に担ってきた一人、幾島博子さんが二代目の代表理事となり、その遺志を継ぎ、活動を続けている。

インドネシアの暮らしと環境を守るNGO

NPO法人　APEX　田中直さん　一九五一年生まれ

アジア向きの技術を創り出す

「インドネシアでは水質汚染が深刻です。工場排水や生活排水の多くは、何の処理もせずに放出されている。腐臭を伴うドブ川に、スラムが建ち並ぶ光景もよく目にします。こうした状況を改善する技術を考え、伝えたい」

石油会社のエンジニアというキャリアを持つ田中さんが立ち上げた「APEX」（Asian People's Exchange）は、日本では数少ない技術系の国際協力NGOである。アジアの人々の生活向上と環境保護に貢献しようと、一九八〇年代後半からインドネシアで排水処理や職業訓練などのプロジェクトを手がけてきた。

大きなドラム缶を縦に割ったような水槽。その水槽に排水を流し、半分排水に浸かった多数の円板をゆっくりと回す。ＡＰＥＸがインドネシアでの開発・普及を進めている「回転円板式」と呼ばれる排水処理装置だ。

円板の部分が、水と空気の中を出入りすることで、表面に微生物が繁殖。その微生物が汚濁物質を吸収・分解し、排水を浄化するしくみだという。

「会社に勤めていたころに、この装置を見て、『これはアジア向きの技術だ』と思いました。現地でも容易に生産できる。原理的に単純で、故障してもどこが壊れたか、すぐにわかる。電力の消費も少ないんです」

装置の写真を見せながら、彼は根拠となるデータをいくつか挙げていく。控えめな口調に、熱意がにじむ。

「円板の部分は、日本ではプラスチックで作りますが、インドネシアの場合、入手や成型加工が容易ではない。地元にある材料を使おうと、現地のＮＧＯと共同でサトウヤシの繊維を用いた回転円板を開発しました。テストの結果はかなりよかった。同じ容積で処理できる汚濁物質の量が、日本で売られている回転円板とほぼ同じくらいでした」

日本のメーカーと協力して、より効率が高い廃プラスチック製の装置も開発。二〇〇一年からはＪＩＣＡ（国際協力機構）が出資する開発パートナー事業として、ジャワ島中部の都市・ジョクジャカルタに「排水処理適正技術センター」を作った。

これらの活動で重視しているのは、「適正技術」という考え方だ。

「いわゆる先進国型の技術をそのまま使っても、現地の状況には適しません。一方、伝統技術ではニーズに応え切れない場合が多い。それぞれの地域の社会・経済・文化的条件に合った、住民が参加しやすい技術。人々のニーズを満たしながら、環境に負担をかけない〝適正技術〟が求められているんですよ」

働きながら国際協力できるスタイルを作る

アジアに関心を持つきっかけになったのは、「第三世界の問題を考える連続ゼミナール」という講演会だった。一九八三年のことだ。

石油会社で技術職に携わりながら、環境破壊をもたらす近代技術やエネルギー供給のあり方には疑問を抱いていた。自ら中心となって運営していた市民グループ主催の講演会。そこで東南アジアをフィールドワークしている研究者らの話に、衝撃を受ける。

「開発途上国で貧困や環境破壊が起きているのは、現地の人たちが遅れているせいじゃない。実はわれわれ先進国との関係で生じている面が大きい。古くは植民地化から、戦後は多国籍企業による熱帯林伐採や労働の搾取の問題まであると気づかされました」

暮らしを見直して、アジアとの関わり方を変えなければ。自分たちでやれることを始めたい。まずは、実際にアジアを見てみよう。

講演会に参加していた仲間と連れ立って、タイやインドネシアなどへ出かけた。

貧しい農村を歩いた。都市のスラム街を目の当たりにした。人々の生活向上をめざす現地のNGOを、いくつか訪ねた。

一九八六年の夏。インドネシアで低所得者向けの住宅を供給しているNGO「YABAKA」（奉仕事業財団）と出会う。

「住宅は暮らしの上で大事な問題です。YABAKAは廃棄物利用や都市の緑化事業にも取り組んでいて、プロジェクトが発展する可能性があると思った。何よりも最初に会ったときに直感しました。『この人たちとは、きっと親密になれる。協力して何かできる』と」

翌八七年四月、仲間とともに市民グループ「APEX」を設立。YABAKAへの支援は、資金協力という形で毎月二万円を送ることから始まった。会社に勤めながらの活動のため、頻繁には現地に足を運べない。手紙などでやりとりした。年二回、一週間の有給休暇を取って訪ね、意思疎通を補った。

活動を続けるうち、失業中の若者の就労支援を行っているNGO「YPKM」（社会教育福祉財団）も知る。

YPKMが運営する職業訓練所には、砥石が磨り減ったグラインダーや、手押しのカッターぐらいしか置かれていなかった。旋盤のような工作機械があれば、訓練の質が上がり、研修生の就業機会も増えるはずだ。彼はそう考え、職業訓練プロジェクトを手がけていく。機械購入などに必要な資金は、郵政省（当時）の国際ボランティア貯金の寄付金配分でまかなえた。ソフトの面でも手を打った。

「当時、私は会社から派遣されて、大学の研究所で働いていました。そこの付属の機械工場の専門家に頼み込んで、現地にいっしょに行き、機械工作技術の指導から設備のアドバイスまでしてもらいました」

プロジェクトは、若者たちの就職や起業に役立った。活動を通じて常に意識したのは、「現地のＮＧＯが主役、自分たちは脇役」ということだ。

「『悪いのは、われわれ先進国のほうだ』という思いが強かったですからね。私たちは脇役でいい。現地のＮＧＯの意思を尊重して、支援しようと。それに会社勤めをしているから、自分たちが中心になって事業を動かすのは無理だった。自然に、この方法が固まっていった気がします」

尊敬できる活動をしているＮＧＯを探し、協力先が決まったら意見交換を重ね、いっしょに事業を考える。そして、必要な資金や技術を提供する。働きながら国際協力を続けられるスタイルを編み出していった。

「適正技術」で世界をつなぎたい

インドネシアの人たちから学ぶことも多かった。使い古したドラム缶で、調理用のコンロを作る人がいる。自動車の車体やエンジン、ハンドルなどを買い集めてきて、自力で組み立てて乗っている人もいる。廃棄物を生かした暮らしが、そこにはあった。

「お金も技術もない中で、やむを得ずそうしている面は強いと思います。ただ、創意と工夫をこらして、必要なものを作り出す姿には感心しました。日本人が自分の職場のテリトリー以外にはほとんど生産にタッチせず、しかもデスクワークが多いのとは違って、彼らは実際に、自分の手足を動かして物を作ることに長けているんです」

人間と物との距離の近さ。技術者である彼の目に、それは強く印象に残った。

会社で培った技術や経験は、ＡＰＥＸの活動に生かされた。排水処理プロジェクトで開発した回転円板式排水処理装置は、製油所に配属されていたときに出会った。企画部在籍時に提案した廃プラスチック再生加工業の経験が、装置の設計の際に役立った。

だが、彼は「二足のわらじ」を脱ぐ。一九九九年に会社を退職、ＡＰＥＸの専従スタッフになった。

「会社の仕事は面白くなっていました。だけど、やっぱり、いちばんやりたい仕事はＡＰＥＸでした。活動の幅が広がって、仕事を続けながらの限界も見えてきていた。妻も子もいるので無謀なことはできないとは思ってたんですが、うちの奥さんも、私と問題意識を共有できる人で、もともとあまりお金を使わない人なので反対はしなかった」

独立後はほぼ二週間おきに、日本とインドネシアを行き来し、活動の先頭に立つ。排水処理の事業とともに、再生可能な自然エネルギーを開発する「バイオマスエネルギープロジェクト」に奔走中だ。

ＡＰＥＸがめざすものを、彼はこう記している。

「かつて先進国の人間が公害問題などで近代技術を批判すると、近代化を求める途上国の人々が『われわれは公害がほしいのだ』と応じたという。そのやりとりはそのまま終わらせては不毛である。おそらく具体的に有効な代替案を創出することではじめて、両者の距離は縮まる」[1]

地球環境をも視野に入れた「適正技術」。それは、先進国と途上国をつなぐ紐帯なのである。

（1）　田中直「適正技術の創出に向けて」（西川潤編『アジアの内発的発展』藤原書店、二〇〇一年）

（二〇〇四年五月取材）

〈追記〉

回転円板式の排水処理装置は、インドネシアの工場や病院などおよそ三〇ヵ所で取り入れられた。二〇〇六年からは生活排水処理の事業にも着手（ＪＩＣＡ出資による草の根技術協力事業草の根パートナー型）。地域の排水を住民参加のコミュニティレベルで処理できるモデルを作ろうと、計九基のモデルシステムを設置し、普及に努めている。

今もっとも力を注ぐのが、バイオマスのガス化事業である。触媒として安価な粘土を使い、流動接触分解という技術で農業廃棄物などのバイオマスを効率的にガス化し、得られたガスを発電や液体燃料生産に利用するものだ。副生するチャー（炭のような物質）を土壌に還元すれば、再生可能エネルギー生産とともに、炭素固定や植物の生育促進もはかれる。

「一〇年をひとつの単位とするような、息の長い活動を構想したい」と、自分たちの軌跡を振り返る。

「初めの一〇年は、インドネシアの、小さくとも地域に根を張ったNGOを支援しつつ、職業訓練や環境保全のプロジェクトに取り組んだ時代、第二の一〇年は、その流れも引き継ぎつつ、本格的な適正技術開発とプロジェクト展開を始めた時代」（APEX編著『APEX20年の歩み』、二〇〇七年）

では、「第三の一〇年」とは？

「適正技術の重要性がますます高まり、それが社会の大きな流れとなっていくべき時代だと思います。そのためには、それを担う人材を育てることも大事なテーマになってくるでしょう。APEXとしても日本人、インドネシア人のスタッフを今後、増やしていくつもりです」

エンジニアは、静かに先を見据えている。

社会福祉士として貧困問題に立ち向かう

NPO法人 ほっとポット（現・NPO法人 ほっとプラス） **藤田孝典**さん 一九八二年生まれ

日本の貧困率は一五・七％、OECD（経済協力開発機構）加盟三〇ヵ国の中でワースト四位（二〇〇七年現在）——。

政府が発表したこの数字は、貧困問題を浮き彫りにした。住まいと仕事を失った人たちの支援に、行政が乗り出しつつある。

「ようやく、と感じますね。僕が活動を始めたころは、『ホームレスになるのは自己責任。放置しておけばいい』という空気でしたから」

大学生のときから、彼は東京・新宿などでホームレス支援に関わってきた。二〇〇六年に、地元・埼玉にNPO法人「ほっとポット」を設立。ホームレス状態の人や生活に困っている人の相談に乗り、低家賃で部屋を貸すなどのサポートを行っている。

スタッフは六人全員が二〇代。いずれも社会福祉士の資格を持つ。行政や福祉施設の職員から転身した人もいる。「専門職として、貧困問題を見て見ぬふりはできない」と使命感で集まってきた。

「でも、僕たち、単なる変わり者なだけですから（笑）」

そう淡々と語るところも、親近感を抱かせる好青年だ。

人とのつながりを取り戻す場も

「ほっとポット」に一年間に寄せられる相談数は一〇〇〇件以上。うち八割は、家がない状態の人だ。「派遣切り」で職・住を奪われ、公園やネットカフェなどで生活している人からの相談が目立つという。

「多重債務に陥っている人、アルコール依存や糖尿病など病気になってしまった人も多い。弁護士の依頼を受けて、拘置所を出た人などを支援する更生保護も増えています。空腹のために無銭飲食をしたり、行き場所がなくて軽犯罪を繰り返して刑務所を『寝床』にする人がいる。貧困の背景には、いくつもの問題が絡み合っているんです」

藤田さんたちは相談を受けると、住まいの確保に奔走する。生活保護などの申請を手伝い、いっしょに不動産屋を回って、アパートを探す。「ハウジング・ファースト」(housing first)＝「住居がまず第一」という考え方だ。

「家がなければ、仕事を探したり、病気を治すことは満足にできません。生活保護の申請も実質的に厳しくなります」

会では一軒家やアパートを借り上げ、自らも大家となって格安の家賃で部屋を貸している（二〇〇九年現在、二一軒におよそ一〇〇名が暮らす）。「緊急一時シェルター」も開設し、住まいが見つかるまでの間、二週間を目途に部屋を貸し出している。

入居後も、生活全般にわたってサポートが続く。各種社会福祉サービスの紹介や手続き支援、障害者手帳の申請補助、病気の相談に加え、必要があれば病院に付き添うことも。

活動を通して大事にしているのは、相談者との信頼関係だ。

「親族に悩みを語るのだって、しんどいことですからね。僕たち第三者に相談するのは、ハードルがかなり高いと思うんです。ざっくばらんに何でも話しやすいように心がけています」

月に一回、「ほっとサロン」と称した昼食会も開いている。事務所近くの公民館の調理室を借り、みんなで料理を作って食べる。ほっとポット運営のアパートで暮らす人たちの交流の場だ。多くは中高年の男性である。ボランティアや地元の住民、会のスタッフも集う。クリスマスを間近に控えたこの日は、三〇人以上が参加した。

メニューはクリスマスにちなんで、ケーキ、クリームシチュー、鶏の唐揚げ。全員で手分けして、調理する。

「『男の料理』って感じで、いいじゃないですか」

野菜や肉の大きさを見て、藤田さんが参加者に気さくに話しかけていく。

「ここで仲間を作ってもらいたいんです。一年間ずっと一人で野宿をしてきて、誰とも話さなかった方もいますから」

「ホームレス」とは、「家がない」だけではない、「人とのつながりを失った状態」だと彼はいう。人間関係を取り戻すことが、生活の立て直しには欠かせないのだ。

食後の片づけが終わり、みんなが談笑する中、一人で黙々とモップで床を拭く人がいた。

「『怠けているから、ホームレスになったんだ』と思われがちですけど、そうじゃない。みなさん、すごくやさしくて、真面目で働き者なんです」

思えば、この日、公民館に行くときもそうだった。自転車で先導した人は何度も振り返り、私を気遣ってくれた。

藤田さんがそんな彼らと初めて出会ったのは、大学二年生のときだった。

ホームレスは「普通の人」だった

ある朝、自転車でアルバイトに向かう途中、道脇から飛び出してきた男性とぶつかった。すぐに謝り、その場は収まった。ところが、帰り道、同じ場所にその男性がいる。気になって声をかけた。二ヵ月前から、近くでテントを張って生活しているという。

「ああ、これがホームレスの人なのか、と思いました。でも、話を聞くと、あまりにも普通の人で驚いたんです」

男性は、父親と年齢が近かった。以前は銀行の支店長だったが、仕事が忙しくてうつ病になり、会社に行けなくなって退職。病気や年齢から再就職もままならず、酒に逃避してアルコール依存症に。退職金を妻子に渡して離婚、自らは消費者金融からの借金が返せず、夜逃げ同然で家を出てきたのだ、と。

「なんでこんな普通のおっちゃんが、ホームレスになるのか。もしかしたら、うちの父親も、僕自身も将来そうなってしまうかもしれないと危機感を持ちました」

当時、彼は福祉系の大学に通っていた。大学で学んだ生活保護や失業保険が、どうしてこの男性を救えないのか。ホームレスの人の話をもっと聞いてみたいと思った。

新宿で支援活動に参加した。昨日まで会社の社長だった人、自分と同じ年ごろで派遣切りに遭った人、DV（家庭内暴力）で逃げてきた人。さまざまな人が、そこにはいた。

「炊き出しで食事を提供するだけでは、路上からは脱却できない。地域で暮らせる環境を整えることが必要だ。自分のような社会福祉士が役に立つのではないか」

大学院で社会福祉政策を学ぶかたわら、地元で活動を始めた。公園や河川敷で暮らしている人たちに生活保護などを受給してもらい、そのお金でアパートで生活してほしいと考えた。

しかし、壁は予想以上に厚かった。

不動産屋を訪ねると、「ホームレスに部屋を貸せるわけがないだろう！」と罵声を浴びた。

「住所のない人に生活保護は適用できない」と福祉事務所の対応は冷たかった。

住民の偏見も根強かった。「物が盗まれやしないか」、「風呂をのぞかれるんじゃないか」。会で運営するアパートに半年住み込んで、理解を求めた。

「あのころがいちばんの試練でした。大学院で学んだ理念や理論を実践するには、ものすごい労力がいると痛感した。両親からは『大学院を出て、何をしてるんだ』と反対されました。『大学に戻ろうか』と弱気になったこともありました」

新宿で活動した二年間、路上で亡くなる人を何人も見送っていた。「同じことを繰り返したくない」という一念で踏ん張った。

相談者にこそ支えられている

今では部屋を貸す不動産屋は、三〇店ほどになった。弁護士や司法書士も、多重債務などの法律相談に応じてくれる。会の運営は楽ではないが、活動の趣旨に賛同する市民や企業に財政的に助けてもらっている。

行政にも働きかけている。政策提言や要望書を提出、その結果、さいたま市内の福祉事務所の職員増員、社会福祉士の配置が実現した。

「貧困問題は、うちのような小さなNPOが支え切れるものではない。本来は、政治や行政が担うべきなんです。相談に来られる方たちへの対応だけでなく、世論にも訴えていきたい」

貧困問題の解決をめざす全国運動「反貧困ネットワーク」に呼応し、埼玉支部を結成（正式名称「反貧困ネットワーク埼玉」)。法律家や労働組合、市民グループなどが集うこのネットワークの代表も、彼は務めている。

「『自己責任』から『困ったときはお互いさま』へと、社会の雰囲気が変わってきた。このまま流れを押し返していきたい」

何よりも相談者たちに支えられている、と彼はいう。

「最初のころは下を向いて、気力が萎えてしまっていた人がアルバイトを始めていく。『福祉事務所にお世話になったから、今度は自分がヘルパーになって困っている人を助けたい』という人もいます。みなさんが変わっていく姿を見ると、すごく励まされるんですよ」

ほっとポットの利用者から見れば、藤田さんたちは子ども、あるいは孫の年齢にあたる。スタッフが部屋を訪問するときには、食事やお菓子を用意して楽しみに待っている人も多い。世代や職業を超えた支え合いの場＝「ホーム」を、彼は作ろうとしている。

（二〇〇九年一二月取材）

〈追記〉

二〇一一年六月、藤田さんは「ほっとポット」を退職し、後進に譲った。そして、ほっとポットの役職経験者四人で、新たなＮＰＯ「ほっとプラス」を立ち上げた。

「七年間で二〇〇〇人以上から相談を受けてきて、緊急支援は十分できました。でも、その後の自立支援が弱かった。ほっとプラスでは、就労支援や雇用の確保などにも取り組んでいきます」

年間五〇〇件を超える相談に、現在、一〇人のスタッフで応えている。その一方で藤田さんは、相談を受けてきた人たちが置かれている状況を伝え、貧困問題について社会に訴える機会が増えてきた。全国各地で講演し、メディアでも発信している。

とりわけ一五年に出版した著書『下流老人』（朝日新書）は、自身の関わってきた活動や詳細なデータをもとに、高齢者の貧困の実態と背景を綴り、大きな反響を呼んだ。「生活保護基準相当で暮らす高齢者、およびその恐れがある高齢者」＝「下流老人」は推定六〇〇万〜七〇〇万人に上り、このまま行けば、近い将来、高齢者の九割に達する恐れがあると警鐘を鳴らした。貧困は決して自己責任の問題ではない、一人ひとりが声を上げ、社会システムを変えることで初めて解決し得ると説いた。同書は二〇万部を超えるベストセラーとなり、「下流老人」はその年の流行語大賞候補にもノミネートされた。

「『ブラック企業』や『ネットカフェ難民』のように、その時々の現象や問題を端的に表す言葉は、社会を動かす上で有効だと思うんです。『下流老人』という言葉は、それにならって考えました。本を出した後、着実に変化を感じています。高齢者一人当たり三万円の給付金が支給されたり、国民年金の受給資格がそれまでの最低二五年から一〇年に短縮する法改正がなされるなど、高齢者の貧困対策が徐々に進み始めています。私たちの活動に対する理解者も増えてきました」

彼はさらに、福祉の専門学校の講師なども務めている。「後輩」たちには、こう伝えているという。

「相談を受けているときは、支援者と支援対象者かもしれない。でも、忘れてはいけないのは、目の前にいる方は『ひとりの立派な人』だということなんです。年上の方はもちろん、たとえ年下の相談者であったとしても、その方の人生経験から学ばせていただくことはたくさんある。この仕事に就くのなら、専門職である前に『人』であってほしい。相手の方と信頼関係をつくれるような人であってほしいんですよ」

それがまた、自分たちの仕事の魅力でもあるのだと語った。

エピローグ

市民起業家とは何か。

「仕事の原点に立つ」、「暮らしから紡ぐ」、「好きを仕事に」、「地域で興す」、「社会を変える」。本書の各章に掲げたこの五つのタイトルは、取材を通して私が得た「市民起業家」の姿である。取材期間は、月刊誌『企業診断』での連載「市民起業家という生き方」から数えると、約一三年にわたった。あわせて七〇人以上の人たちに会い、話を聞いてきた。

ここでは紙幅の関係上、取り上げられなかった人たちのことも含めて振り返りながら、市民起業家とは何か、あらためて記したい。

若者が先頭に立つ「社会起業家」

「社会起業家」とは、子育て支援や貧困問題、国際協力といった社会的課題をボランティアとしてではなく、市民運動としてでもなく、「仕事」として立ち上げ、取り組んでいる人たちを指す。とりわけ、若い人たちの取り組みが注目される。大学卒業後、企業には就職せず、起業する人もいる。

南米エクアドルとのフェアトレードで、コーヒー豆や雑貨などの輸入・販売を手がける会社「スローウォーターカフェ」を旗揚げした藤岡亜美さんは、起業の理由をこう語った。

「社会を変えるには、学問も運動も大事だけど、ビジネスという方法がいちばんいいと思ったんです。みんな、毎日買い物をするわけだし」

ホームレス状態の人や生活に困っている人をサポートするＮＰＯ「ほっとポット」を立ち上げ、その後、就労支援や雇用の確保などにも取り組むＮＰＯ「ほっとプラス」を始めた藤田孝典さんは、社会福祉士の資格を持つ。ホームレスとの偶然の出会いがきっかけで、貧困問題は決して他人事ではない、見て見ぬふりはできないと、足を踏み出した。

彼らは同時に、自身の暮らしも大切に考えている。

藤岡さんは幼い子を抱えているため、仕事に割く時間は限られる。スタッフに理解してもらいながら、自分のペースで働いていた。「女性が子どもを育てながら、ずっと働ける場にしたい」という。

市民が出資し、環境や福祉など地域に根づいた事業に低利で融資するＮＰＯバンク「コミュニティ・ユース・バンクｍｏｍｏ」を設立した木村真樹さんは、自身の仕事先であるオーガニック食材の宅配業者から野菜を取り寄せ、妻と市民農園にも参加していた。

「ＮＰＯの世界に飛び込んでから、何が仕事で、何が遊びで、何が暮らしなのか、自分でもよくわからない（笑）。でも、暮らしがあってこその仕事。ワークが先に来る『ワーク・ライフ・バランス』ではなく、『ライフ・ワーク・バランス』で僕はいきたい」

仕事と暮らしが地続きになっている。

暮らしから紡ぐ、ということ

自分たちの暮らしの場所から着想し、仕事を立ち上げた人もいた。

高齢者の住まいと心のケアに取り組む「ディヘルプ」の森谷良三さんは、自身の定年後、ボランティアを始めたことがきっかけだった。近所のお年寄りの様子を見て、「高齢者どうしで励まして、助け合っていけばいいじゃないか」と思い、それが事業へと発展した。

商店街でおにぎり屋を営む「おにぎりの小林」の小林武夫さん、知都子さん夫妻は、「子どもを遠足や運動会に送り出すとき、お母さんがおにぎりを作るでしょ。それと同じ気持ちで毎朝、握ってるんですよ」と言った。

ふっくらしたごはんを食べてもらいたいと、ガス釜には米を少なめに入れて、炊く。おにぎりの具に使う魚は切り身ではなく、市場で一匹まるごと仕入れ、店でさばく。魚を焼くときも、「この網のほうが温かみが出る気がする」と家庭用の網を使っていた。

本書では取り上げられなかった人たちの中にも、そうした姿は見られた。

オーダーメイド靴の製造・販売を始めた男性は、母親が病で半身不随となり、「楽に履ける靴を作ってあげたい」という一念で腕を磨き、起業を果たした。靴を完成させるまでに少なくとも四回は客に会い、足の計測、仮縫い靴の履き心地などを確認していた。

「靴を作る時には、お客さんの足はもちろんですが、顔や人柄なども思い浮かべます」

ブルーベリーソースを製造・販売する女性中心のワーカーズコレクティブ（働く者による共同出資・共同経営の事業体）は、主婦の知恵を生かしていた。彼女たちが作るソースの材料は、砂糖とブルーベリーのみ。水や添加物はいっさい使わない。

「確かに歩留まりは悪くて、儲けも少ない。でも、自分の家でジャムを作るときに添加物を入れる人はいないでしょ。食べる側にとってはこれが最良のものなんです」

人の気持ちや暮らしを何よりも大切にして、働いているのだ。

身の丈主義と老舗の力

「ライスワーク」と「ライフワーク」という言葉がある。前者は日々、生活していくための仕事、後者は生涯を費やして取り組みたい仕事、とでもいおうか。私が出会った人たちは、できるだけ、この二つを近づけよう、いっしょにしようとしていた。

だが、それには、かなりの覚悟が必要だ。サラリーマンから転身した人の中には収入が減った人もいた。アルバイトで生計を補っている人もいた。

しかし、自分が納得する仕事ができるから今のほうがずっと幸せだと、みな一様にその生活に満足していた。儲けはさほど望まない。ほどほどの暮らしができればいいという。

原料は上質な国産大豆にこだわる町の豆腐屋「元気屋」の栗原俊二さんは、一日に作る数は五〇〇丁と決めていた。

「これぐらい売れれば、僕らは飯を食っていけるんです。一人で作る場合に、責任が持てる数でもある。もっとたくさん作ろうと思ったら、働く人の数を増やすか、機械化するか、あるいは手を抜くしかない（苦笑）。それは、したくないですから」

手間も時間もかかる。だが、自らの力で納得できるものを作り出す魅力は手放せない。彼らは異口同音にそう語った。

銭湯の主《あるじ》、「なみのゆ」の大小島博さんは、「店を地域の新しいコミュニティとして再生させたい」と言った。煙突にイルミネーションを付けたり、浴室にプールを設けるなどユニークな試みが、地域の人たちに喜ばれていた。江戸時代以来、四〇〇年間、庶民の社交場として愛されてきた銭湯。大小島さんはその伝統を、今に生かしたいと考えていた。

七〇〇年の歴史を持つ伝統工芸品、越前打刃物を扱う「田中惣一商店」は、福井県越前市などの職人に直接、依頼し、何度もやりとりして出来上がった代物を取りそろえていた。使う人の動作や力の入れ具合など、きめ細かな配慮がそこにはうかがえた。「客を大切に考え、一つひとつ丁寧に手づくりされたものという点では、刃物と共通している」と、フェアトレード品も扱い、新たな顧客とのつながりも生み出していた。

銭湯も金物屋も、老舗の仕事である。長い間、人びとに必要とされてきた生業の力を感じた。そもそも「仕事」とは、あるいは「働く」とは、人の役に立つ営みなのだということを教わった。

3・11後の市民起業家

東日本大震災後、多くの人たちがさまざまな形で被災者支援に動いた。この本で取り上げた市民起業家たちも、自身の仕事と経験を発揮した。

大工の杉原敬さんは、埼玉県飯能市から宮城県石巻市に移住、棟梁から工務店の一スタッフに転身し、「復興支援大工」として働いている。住まいの建て方は、自身が長年手がけてきた伝統構法から在来工法に変わったが、古くから伝わる木造建築の技術を生かして、被災地での家づくりに貢献している。

「市民科学研究室」の上田昌文さんは、震災後の原発事故による放射能汚染について、講演や調査などに請われ、福島県内の中学校などでの「放射能リテラシーワークショップ」も回を重ねている。

原発事故後の政府や電力会社の対応に象徴されるように、「3・11」は、行政や企業などの他人任せにしていては、私たちの生活や命は守り切れないことを教えてくれた。「大事なことだと思ったら、自分が始める」。そんな市民起業家の精神が必要なのだと、あらためて気づかされた。

「スローウォーターカフェ」の藤岡さんは震災後、家族で宮崎県串間市に移住した。

「食べ物は買ってくるんじゃなくて、種を蒔いたり、畑を耕したり、もっと自分の体を使うところから学び直したいんです。（略）そうやって、原発を必要とする社会のしくみ、消費のあり方を変えたい」と言った。

埼玉県日高市でオーガニックな種屋「たねの森」を営む紙英三郎さん、愛さん夫妻は、東北支援および地域の中で食やエネルギーの自給をめざそうと、「日高くるくるねっと」というネットワークを結成するなど、地域のつながりをさらに築いている。

3・11は、市民起業家を深化させている。

いま、ここから、ひとりから始める

市民起業家には、さまざまなスタイル、働き方があると思う。

電気を使用しない「非電化製品」の発明で知られる藤村靖之さんは、「いいこと」（＝人や社会が幸せになること）だけをテーマにして、毎月三万円だけ稼ぐスモールビジネスをいくつか持つ、というやり方を提唱している。[1]

京都・綾部市の農村で暮らす塩見直紀さんは、「半自給的な農業とやりたい仕事を両立させ

る生き方」＝「半農半X」というスタイルを二〇年ほど前に呼びかけ、自らも実践している。(2)

副業や「週末起業」などを含めて、小さな仕事として始めるという方法もある。

ただ、近年、非正規雇用の拡大や長時間労働など、仕事と生活をとりまく環境は厳しさを増している。市民起業家というあり方を追求するのも容易ではない。

ロック・ミュージシャンの忌野清志郎さんは、かつてこう語っていた。

「『独立』っていうのは、自分の仕事に関わることを、できるだけたくさん自分で決める、自分で管理する、っていうことだろう。もちろんいきなりすべてを、ってわけにはいかないにしても、とにかくひとつずつでも『自分で決められること』を増やしていく、拡大していく。その一連のプロセスを『独立』と呼ぶんだと思う(3)」

いま、ここから、できることから始めていく、ということである。

この本に収録した文を、雑誌連載時から読んでくれていた一回りほど年上の友人がいる。彼は三〇年以上、小・中・高校生を対象にした学習塾（補習塾）を経営してきた。その彼曰く、「記事を読んできて感じるものがあった。自分も仕事を生かしてもっと社会の役に立ちたい。貧困家庭の子どもたちなど教育格差の生まれる場所で何かできないだろうか、その方法を考えている」、と。

本書が、読者が自身の仕事を振り返る契機となり、さらなる良い仕事につながっていく一冊になればと願っている。

（1）　藤村靖之『月3万円ビジネス』晶文社、二〇一一年
（2）　塩見直紀『半農半Xという生き方【決定版】』ちくま文庫、二〇一四年
（3）　忌野清志郎『ロックで独立する方法』太田出版、二〇〇九年

この本で紹介した人たち

安田弥生（やすだ・やよい）
1978年東京都生まれ。八ヶ岳中央農業実践大学校卒業後、スイスでの農家研修を経て、2000年より農業に従事。「風の畑」を立ち上げる。

風の畑
所在地／神奈川県相模原市緑区城山
代表／安田弥生
スタッフ／3名
創業／2000年
連絡先／東京都町田市相原町3148-11
TEL　090-9152-2382
E-mail　kazenohatake33@gmail.com

〈近況〉

自分の子育てを通して、子育て世代とのつながりが強くなりました。幼稚園生に一年を通して、田植え、野菜の種まき、収穫、芋掘り、稲刈りで食べものの作られ方、野菜の育っていく過程を体験してもらっています。

母親世代にも味噌作りなどを通して、本物を伝えています。

会社を辞めて独立した夫も、仕事と畑を半々やりながら暮らしています。

栗原俊二（くりはら・としじ）
1959年埼玉県生まれ。大学在学中から神奈川県藤沢市の豆腐屋「栗原商店」でアルバイトに励み、卒業後、同店に勤務。1985年から東京・府中市の支店を任され、しばらく後に独立、現在に至る。

元気屋
所在地／東京都府中市住吉町3-10-18
代表／栗原俊二
スタッフ／4名
創業／1985年
営業時間／8時〜19時（金・土曜日定休）
連絡先／TEL&FAX　042-360-3637
URL　http://shibalov.com/genkiya/

〈近況〉

相変わらず、毎日豆腐作りに追われています。そして、やはり毎日が修業です。ただ大きく変わったのは、大豆や豆腐のセシウムを計測する事態になったこと。こんな日が来るとは……。本当に怖いものや大切なものは、目に見えないのでしょうか……。

豆腐屋をとりまく環境は悪化の一途をたどっているようです。大手数社だけが生き残る日が近づいているかもしれません。

それでも豆腐という食べ物の偉大さは、ゆるぎないと信じて仕事を続けています。

矢嶋文子（やじま・あやこ）
1976年東京都生まれ。大学卒業後、ベルギーチョコレート店、大手学習塾勤務を経て、辻学園調理・製菓専門学校で学び、調理師免許を取得。2008年から青果卸店「築地御厨」に勤務後、09年8月、「八百屋 瑞花」をオープンさせる。著書に『旬のやさい歳時記』（主婦と生活社）。

八百屋 瑞花
所在地／東京都新宿区神楽坂6-8-27　シゾン神楽坂1A
運営会社／株式会社oiseau（オアゾ）
代表／松田龍太郎
創業者／矢嶋文子
スタッフ／7名（八百屋所属）
創業／2009年
営業時間／11時〜20時（日曜日・祝日は18時まで。月曜日定休）
連絡先／TEL　03-6457-5165　FAX　03-6228-1155
URL　http://suika.me
E-mail　info@suika.me

〈近況〉

お店を始めて5年を機に、神楽坂へ移転しました。その後、2015年9月に（株）oiseauと経営統合し、新しいスタッフと販売の強化を図り、刺激的な毎日です。お客様を大切にする姿勢は変わらず、笑顔の絶えない店内です。経営統合に踏み切ったのは経営強化の面もありますが、私が実家のお寺を継承すべく、結婚し、夫とともに現在は修行をしている身でもあるからです。八百屋とお寺の「二足の草鞋」を履くこととなりました。今年6月には第1子を出産予定です。

八百屋をはじめとする食の活動については、変わらず継続しており、新宿区や様々な企業からお声をかけていただき、講演活動や雑誌への執筆を通して、食の大切さや野菜の目利きなどをお伝えしています。「身体は食べ物からできている」というメッセージは、今後も変わらず伝え続けてゆくつもりです。

杉原敬（すぎはら・たかし）
1972年、東京都生まれ。高校卒業後、彫刻の仕事などに携わったのち、大工の道へ。親方のもとで修業し、2001年に独立、埼玉県飯能市で「杉原建築」を設立する。東日本大震災後は福島県いわき市での木造の仮設住宅建設などに携わり、13年からは宮城県石巻市の「佐々木工務店」に勤めている。

連絡先
E-mail　sugiharatakashi.kitakami@gmail.com

〈近況〉

4年ほど前、石巻に来ていたボランティアさんとのひょんな御縁から、牡鹿半島は福貴浦の漁師さんを紹介されました。防災集団移転促進事業によりこれから高台に移り住むため、家づくりの相談に乗ってくれないかということでした。現在、そこの2物件を基本設計からやらせてもらっています。浜の暮らしや復興事業に関わる諸々の制度、在来工法でできることの可能性や、次世代省エネ基準など建築を取り巻く変化について勉強しながら進めさせていただいています。津波の被害に遭った沿岸部では、やっと生活の基盤が立て直されてきたところです。マイナスからのスタートの中、大変な苦労もありますが、新しく作り上げる喜びはひとしおです。

大小島博（おおこじま・ひろし）
1950年東京都生まれ。大学卒業後、家業に従事。82年より父親の後を継ぎ、社長に就任する。

株式会社　並之湯
所在地／東京都杉並区高円寺北3-29-2
代表／大小島博
スタッフ／13名
創業／1945年12月
営業時間／月～金・日曜日：15時～25時、水曜日：18時～25時、日曜朝湯：8時～12時、定休日：毎週土曜日
連絡先／TEL　03-3337-1861
URL　http://naminoyu.com
E-mail　naminoyu@hotmail.com

〈近況〉

外国人の皆様がお客様としてたくさんいらっしゃる時代になり、日本のおもてなしの心のすばらしさを堪能して帰られます。銭湯は、はだかとはだかのつきあい、他人を思いやり、仲良くなれる、温泉にも健康ランドにもない施設です。一人親のお客様がお子さんと来店するようになって『子どもがとても優しくなった』とおっしゃったことなど、うれしい思いがたくさんありました。

なみのゆはこれまで、こいのぼりやイベントなど銭湯の“外側”を売ってきましたが、これからの銭湯は“本質”を売る時代と捉えて、人間の深層心理の奥底を追求する経営をめざしたいと考えます。“実験浴場”“まちかどコミュニティ”“百年後の銭湯”など、様々なタイトルを掲げて経営を考えてきましたが、今まさにその真価が問われる時代と捉えて“次の世代が引き継いでみたい銭湯”を目標としてがんばりたいと考えます。

曳地義治（ひきち・よしはる）
1956年東京都生まれ。若いころからデザイン関係の仕事に関心を持ち、木工業、ログビルダーなどを経て、植木職人に。96年、トシさんと2人で、個人庭専門の植木屋「ひきちガーデンサービス」を起業。NPO法人「日本オーガニック・ガーデン協会」（JOGA）の理事も務めている。

曳地トシ（ひきち・とし）
1958年神奈川県生まれ。成長して移り住んだ都会の環境の悪さに驚き、環境や人権などの市民団体の専従職員に。活動の中で義治さんと出会い、植木屋になる。「JOGA」の代表理事を務めている。

＊2人の共著に『オーガニック・ガーデン・ブック』『無農薬で庭づくり』『虫といっしょに庭づくり』『雑草と楽しむ庭づくり』『二十四節気で楽しむ庭仕事』（いずれも築地書館）、『オーガニック・ガーデンのすすめ』（創森社）、『はじめての手づくりオーガニック・ガーデン』（PHP研究所）がある。

ひきちガーデンサービス
所在地／埼玉県飯能市原市場1119-2　雨音堂
代表／曳地義治
スタッフ／2名
創業／1996年5月
連絡先／TEL & FAX　042-977-4128
URL　http://hikichigarden.com

〈近況〉

東日本大震災後、ますます循環型の庭に気持ちが向いています。循環型の庭とは、つまり災害に強いサバイバルガーデンでもあります。火が起こせて、ソーラー発電もでき、水も確保し、コンポストトイレや菜園も備えた庭であれば、日常的に楽しめ、もしもの時にも心強い庭となることでしょう。昨年2月に『はじめての手づくりオーガニック・ガーデン』（PHP研究所）を発刊、その後は循環型の庭のアイデアをまとめた本を執筆する予定です。多様な人たちに使われる公園のありかたとして、コミュニティガーデンも視野に入れ、災害に強いまちづくりを、庭から提案していければと考えています。

横尾　泉（よこお・いずみ）
1973年石川県生まれ。短大を卒業後、保育士として乳児保育園に5年間勤務。その後、フィリピンとオーストラリアに渡り、孤児院や幼稚園などで1年ほどボランティアに励む。結婚を機に上京、2005年に「おもちゃコンサルタント・マスター」などの資格を取得。同時に、自宅ショップとして「木のおもちゃ チッタ」を開業する。

木のおもちゃ チッタ
所在地／東京都多摩市和田746-57
代表／横尾　泉
スタッフ／1名
創業／2005年
営業時間／水曜日、第1土曜日：10時～17時（その他の曜日は予約制）
連絡先／TEL & FAX　042-389-5507
URL　http://www.geocities.jp/chitta_toy/
E-mail　chitta.toy@gmail.com

〈近況〉


自宅ショップのオープンから12年経ちました。

最近は東京都内や神奈川県などで「あそび環境コーディネーター」として、保育園でおもちゃを保育にどう生かすか実践したり、保育園の遊びの環境をコーディネートしたりしています。子どもたちの遊びの内容がより充実するよう助言し、それに合ったおもちゃの販売をしています。子育て中の方や保育士さん向けのおもちゃ、遊びの講座の講師も務めています。

「あそび＝まなび」であること。遊びの中で、その子自身が気づき感じたこと、身につけたコミュニケーション能力がその子の「生きる力」になること。

そんなことをおもちゃを通じて伝えていけたらと思います。

森谷良三（もりや・りょうぞう）

1923 年東京都生まれ。国鉄（当時）とその関連会社を定年退職後、妻とともに高齢者支援のボランティアを始める。94 年、ボランティア団体「DIY ヘルプ」を設立。99 年に NPO 法人「ディヘルプ」とし、代表を務める。2015 年逝去。

NPO 法人 ディヘルプ

所在地／千葉県我孫子市中里 215-5
代表／山根修
スタッフ／17 名
設立／1999 年
連絡先／TEL & FAX　04-7188-9427
E-mail　osamu1109@jcom.home.ne.jp

柳川直子（やながわ・なおこ）

1953年神奈川県生まれ。手作りほうき製造卸業の6代目として生まれる。子育て、親の介護を経て、政策や起業を学ぶ学校「一新塾」に参加。その後、大学院で芸術文化政策を学び、学芸員の資格を取得。2003年、株式会社「まちづくり山上」を設立する。

株式会社 まちづくり山上

在地／神奈川県愛甲郡愛川町中津3687-1
代表取締役／柳川直子
スタッフ／11名
創業／2003年
連絡先／TEL & FAX　046-286-7572
URL　http://www.shimingura-tsuneemon.biz/
E-mail　info@shimingura-tsuneemon.biz

*ほうき博物館「市民蔵常右衛門」の開館日は、木・金・土・日曜日の10時〜17時（月〜水曜日の祝日は開館）。

〈近況〉

構想から10年余り。おかげさまで若い職人も増え、ホウキモロコシ畑も6〜7カ所となり、精いっぱい努力する日々です。デザインや素材など、今の時代に合った使いやすさ、美しさを追求し、全国の皆様からお声かけをいただいています。

また、小さなお子様から大人までを対象としたほうき作り体験教室も好評で、各地で開催しています。

ほうき作りの技術、文化を歴史的背景も含めて、次の時代へ継承していきたいと思います。

小林武夫（こばやし・たけお）
1940年東京都生まれ。高校卒業後、家業の果物屋に従事、父親の後を継ぐ。2003年に転業し、「おにぎりの小林」を開業する。

小林知都子（こばやし・ちづこ）
1943年福岡県生まれ。武夫さんと店を営むかたわら、請われれば「筆耕や」として表彰状などの筆書きを行っている。。

おにぎりの小林
所在地／東京都千代田区神田神保町1-5
スタッフ／3名
開業／2003年11月
営業時間／8時30分～17時30分（定休日は日曜日・祝日）
連絡先／TEL & FAX　03-3291-9293

〈近況〉

娘（次女）が毎日、手伝いに来てくれています。おにぎりはもちろん、季節の野菜を使った「おかずセット」も作ってくれます。夏だと、小松菜の煮びたしや、さつまいもの天ぷら、なす味噌炒め、きゅうりのサラダなどを入れています。お客さんに人気があるんです。

「ここに来ると、落ち着く」「癒やされる」と言って下さる方が多くて、ありがたいです。「お客さんには、いい気持ちになって帰ってほしい」。店を始めたときから、その思いはずっと変わりません。

梶原紀子（かじはら・のりこ）
東京都生まれ。大学卒業後、建築事務所勤務などを経て、1998年、東京から栃木に転居。2001年から「もうひとつの美術館」を立ち上げる。

認定 NPO 法人もうひとつの美術館
所在地／栃木県那須郡那珂川町小口 1181-2
館長／梶原紀子
スタッフ／4名
設立／2001年8月（NPO 設立は同年10月、2013年より認定 NPO 法人となる）
開館時間／10時〜17時　休館／月曜日（休日は開館）、冬季、展示替時
連絡先／TEL & FAX　0287-92-8088
URL　http://www.MOBmuseum.org
E-mail　mob@nactv.ne.jp

〈近況〉

さきの震災では、建物の大きな被害はありませんでしたが、古い木造の廃校校舎を保全・活用しての自主企画運営は、とても大変です。もうひとつの美術館は、より広く、たくさんの方々から寄付をいただいて活動を続けるために2013年1月に認定 NPO 法人となりました。認定 NPO 法人へ寄付すると、寄付した側も寄附金控除が受けられますので、当美術館をぜひともご支援下さい。

また定款を変更して、活動の目的を広げました。すなわち「障がいの有無・専門家であるなしに関わらない芸術活動の支援を通して、創造的で多様な価値観を持ち、支え合う社会の実現」をめざし、もうひとつの美術館は活動を続けています。

酒井道啓（さかい・みちひろ）

1972年福島県生まれ。高校卒業後、タイヤ製造会社などに勤務。2005年、埼玉県川越市でライブハウス「鶴川座創奏」を立ち上げた後、07年、同県入間市で「MUSIC CAFE SO-SO」を開店。さらに09年11月に移転し、営業を続けている。ミュージシャンに請われ、スタッフとしてライブツアーを回ることもある。16年、株式会社テンナイン（TENNINES）を設立。

MUSIC CAFE SO-SO
所在地／埼玉県入間市春日町1-3-3
代表／酒井道啓
スタッフ／6名
創業／2007年
営業時間／水～日曜日：11時30分～24時、月曜日定休、火曜日不定休（営業の場合は17時～）
連絡先／TEL & FAX　04-2966-1036
URL　http://www.iruma-so-so.com
E-mail　soso@krd.biglobe.ne.jp

〈近況〉

昨年、会社を立ち上げました（社名は「テンナイン（TENNINES）」）。カフェ「SO-SO」を中心に、ミュージシャンのサポートや音楽イベントの企画運営など、これまでやってきたことを個人事業ではなく、会社の事業として続けたいと考えたからです。ゆくゆくはミュージシャンを社員に雇用し、会社として上がった収益を彼らのライブツアーやレコーディング費用に当てたいと思っています。

店を始めて10年。お客さんたちと音楽の話がたくさんできる場になってきました。「SO-SOでやるライブは、絶対にいいライブだから」と毎回、多くの方が来てくださいます。小学5～6年生の頃から店に来ていた子が、大学生になって「ここでバイトしたい」と手伝ってくれてもいます。

これからも、今までの人のつながりと、そこに新しいつながりを結びつけていくことを意識しながら、ライブを企画し、店を続けていきたいと思います。

梅田昌恵（うめだ・まさえ）

北海道生まれ。高校卒業後、会社勤務のかたわら、洋裁学校に通い、服飾のハンドメイド作家の活動を始める。2000年、JICA（国際協力機構）の派遣技術者としてアフリカ・ジンバブエで2年間、刺繍商品販売のマネジメントと婦人子ども服作りを指導。帰国後、04年にオンラインショップをオープン。06年、「梅田洋品店」を開業する。12年に店を移転。

梅田洋品店

所在地／東京都港区南青山6-1-6　603B号室
代表／梅田昌恵
スタッフ／1名
創業／2006年
営業時間／金・土・日曜日・祝日　13時～19時
連絡先／TEL & FAX　03-6419-7668
URL　http://umeday.com/
E-mail　umeda@umeday.com

〈近況〉

実店舗は2016年に10周年を迎えましたが、実のところ「まだ旅の途中」という気持ちで、それほど感慨は湧いていません。Facebook や Instagram 等 SNS の普及により、お客さまとの交流の機会が増えました。多くの方に支えてもらっていることを、日々実感しています。

アフリカに通うことは続けており、最近はエチオピアやコートジボワールを訪れました。この10年のうちに、アフリカでは発展した国もありますが、政治や疫病が原因で停滞した国もあります。もどかしく思うこともありますが、希望も感じます。

移転後に本格的に開始した「セミオーダー」は順調で、以前からのお客さまもご利用くださっています。また、展示販売会（Pop-up ショップ）を毎月のように、日本のどこかで開催しています。今後はメンズなど、新たなジャンルにも取り組みたいです。

竹石研二（たけいし・けんじ）

1948年東京都生まれ。高校卒業後、空調工事の会社、映画会社、市民生協などでの勤務を経て、2000年にNPO法人「市民シアター・エフ」を設立。02年に「深谷シネマ　チネ・フェリーチェ」（正式名）を立ち上げる。現在、同館館長とNPOの理事長を務めている。

深谷シネマ
所在地／埼玉県深谷市深谷町9-12
館長／竹石研二
スタッフ／5名
設立／2002年7月
休館日／火曜日
連絡先／TEL　048-551-4592　FAX　048-551-4593
URL　http://fukayacinema.jp
E-mail　fc@fukayacinema.jp

〈近況〉

東日本大震災が起きた2011年3月11日には、行き場のない高齢者の方々がシネマに来てくれました。

シネマが入っている敷地は、かつての蔵元の名にちなみ「七ツ梅」と称しています。現在、七ツ梅内には古書店、カフェ、鬼瓦工房、居酒屋、とうふ工房、深谷もんじゃ焼き屋、茶店、ギャラリーなど小さな店舗が軒を連ね、横丁になりつつあります。ここを拠点に、従来の「商店街」から「生活街」への創造をめざして歩んでいます。

榎戸恵彩（えのきど・えなみ）
1963年熊本県生まれ。東京都内の会社勤務を経て、結婚を機に夫の実家がある奥多摩で暮らす。「奥多摩町まちづくりひとづくり推進委員」、「観光ビジョン策定委員」などを歴任。07年、「森のカフェ アースガーデン」を開店する。14年、「お肉カフェ オーガニック アースガーデン」として店をリニューアル。

お肉カフェ オーガニック アースガーデン
所在地／東京都西多摩郡奥多摩町白丸361-1
代表／榎戸恵彩
スタッフ／8名
創業／2007年4月
営業時間／11時～16時、夜は予約制（年中無休）
連絡先／TEL & FAX　0428-85-5101
URL　http://www.okutama-earthgarden.com
E-mail　e-mail@okutama-earthgarden.com

〈近況〉

現在、アースガーデンのメニューは、市場に流通している1％以下の希少価値の高い食材や調味料を使用しています。塩だけで味付けした『究極のハンバーグ』をはじめ、素材を生かしたメニュー作りを心がけています。また、お店がある「白丸」という地は、パワースポットとして本で紹介されている通り、訪れる人に癒やしと元気を与えています。

オープン当初から「お客さまの人生に寄り添えるようなお店にしたい」という願いが、今やっと、形になってきたと感じています。10年という節目を迎え、気持ちを新たにして、お客さまのより良い人生のお手伝いができますよう頑張っていきたいと思っています。

中野弘巳（なかの・ひろみ）
1977年三重県生まれ。大学院修士課程修了後、NHKに入社。大阪支局と和歌山支局で計6年勤務。テレビ番組のディレクターとして、ニュースやドキュメンタリー、子ども向けドラマなどの制作に携わる。退社後の2009年、「御舟かもめ」を創業する。

御舟かもめ
所在地／大阪府大阪市城東区鴫野西2-16-16
代表／中野弘巳
スタッフ／4名
創業／2009年
連絡先／TEL　050-3736-6333　FAX　050-3737-7393
URL　http://www.ofune-camome.net
E-mail　info@ofune-camome.net

〈近況〉

運航開始から8年。おかげさまで20,000人を超える方に乗船いただきました。取材時には1人だった子どもも3人に増え、仕事も家庭もにぎやかになりました。

以前と変わらず、地元のお客様が多いのも嬉しいところです。船に乗るという楽しみ方が、大阪では珍しくなくなってきたように思います。

夜を通して水上を楽しむ「osakabotel（オオサカボーテル）」という企画を、2013年から始めました。創業の頃と変わらず、いまも小舟と川の意外な楽しさに出会っています。

青木亮輔（あおき・りょうすけ）

1976年大阪府生まれ。大学卒業後、会社勤務を経て、東京都森林組合檜原支所に入所。2006年に独立し、「東京チェンソーズ」を設立する。著書に『今日も森にいます。東京チェンソーズ』（徳間書店取材班との共著、徳間書店）。

東京チェンソーズ

所在地／東京都西多摩郡檜原村654
代表／青木亮輔
スタッフ／15名（役員1名含む）
設立／2006年
連絡先／TEL　042-588-5613　FAX　042-588-5614
　　　　URL　http://www.tokyo-chainsaws.jp/
　　　　E-mail　info@tokyo-chainsaws.jp

〈近況〉

社員数も増え、毎日いそがしく、下草刈りや間伐など山の仕事に励むことができています。規模は小さいですが、主伐・搬出の仕事も始まりました。(一社)TOKYO WOOD普及協会の一員として、“東京の木の家”のための木材を提供しています。

〈追記〉の冒頭にある「東京に100年の森を作るプロジェクト」は2014年秋、「東京美林倶楽部」としてスタートしました。翌春植栽の1期会員は募集した100口のすべてが埋まるという快挙を成し遂げ、次年度以降、2期、3期へとつながりました。

また、最近はかねて課題としていた東京の木の“出口”として、「木のおもちゃ」に注目しています。折よく、会社のある檜原村が「ウッドスタート宣言」したことを追い風とし、企画を進めていきたいと考えています。

木村真樹（きむら・まさき）

1977年愛知県名古屋市生まれ。静岡大学卒業後、地方銀行勤務を経て、A SEED JAPAN事務局長やap bank運営事務局スタッフなどを歴任。2005年にコミュニティ・ユース・バンクmomo、13年にあいちコミュニティ財団を設立し、NPO（50団体/16年）への助成・補助・融資（5,000万円/16年）による資金支援とボランティア（457名/16年）との伴走支援に取り組んでいる。中京大学大学院客員教員、東海若手起業塾実行委員会理事／事務局長、全国NPOバンク連絡会副理事長、全国コミュニティ財団協会副会長、日本NPOセンター評議員、日本ファンドレイジング協会理事／認定ファンドレイザーなども務める。

コミュニティ・ユース・バンクmomo
所在地／愛知県名古屋市東区代官町39-18　日本陶磁器センタービル5F　5-D号室
代表理事／木村真樹
スタッフ／ボランティア59名
設立／2005年
連絡先／TEL　052-933-3625　FAX　052-982-9089
　　　　URL　http://www.momobank.net
　　　　E-mail　info@momobank.net

〈近況〉

創立10周年を迎えたmomoは近年、地域金融機関との連携を進め、信用金庫職員等がボランティアでNPOに参画する「プロボノプロジェクト」の推進や、地方公共団体や金融機関等との「ソーシャルビジネスサポートあいち」の設立、地域金融機関によるNPO支援を促す『お金の地産地消白書2014』の発行など、NPOと地域金融機関のギャップを埋める取り組みも手掛けています。2015年には第3回「日経ソーシャルイニシアチブ大賞」国内部門賞を受賞しました。

また、2013年には、愛知県初の市民コミュニティ財団「あいちコミュニティ財団」を設立しました（2014年に公益財団法人として愛知県から認定）。NPOの発展段階に合わせて民間資金を持ち寄る「地域内“志金”循環モデル」の実現を目指して、NPOへの年間5,000万円の資金支援と450名以上のボランティアとの伴走支援に、momoと財団で取り組んでいます。

田中惣一（たなか・そういち）
1927年福井県生まれ。越前打刃物の行商として、戦後、しばしば館山を訪ねる。51年に「田中惣一商店」を創業する。2016年逝去。

田中芳雄（たなか・よしお）
1953年千葉県生まれ。結婚後、明美さんとともに店を継ぐ。主に外商を担っている。

田中明美（たなか・あけみ）
1953年福井県生まれ。千葉県育ち。20代初めに会社を辞め、店の仕事に就く。店売りを担当する。

田中惣一商店
所在地／千葉県館山市湊417-5
スタッフ／2名　　　創業／1951年
営業時間／8時～18時（水曜日定休）
連絡先／TEL & FAX　0470-22-2088
URL　http://more-tanaka.com/　E-mail　more@awa.or.jp
http://www.facebook.com/tanakasouichishouten/

〈近況〉

震災後、東北応援として被災地をサポートしている「EAST LOOP」さんの「ブローチ」と「ラリエット」（ネックレス）を販売。2016年の熊本地震後には、被害に遭われたフェアトレードショップ「ラブランド」さん（熊本市を日本初の「フェアトレード・シティ」にするために尽力された明石祥子さんのお店）応援のため、お店の品を館山へ送っていただき、販売しました。フェアトレードを通じて温かい交流があちらこちらで生まれています。

毎年秋には「フェアトレードの秋冬限定のチョコレート」（保存料を使っていないので夏は溶けてしまう）も販売しています。生産者の顔が見え、食べた人も笑顔になる美味しいチョコレートは、小さいながらもちょっとしたフェアトレードの国際協力のきっかけになります。館山市の「ふるさと納税」の返礼品に、当店の「アジ切り包丁」「花鋏」「草取鎌」も選ばれました。他県のお客様の笑顔を想像しながらご注文の品をお送りしています。

小さなお店ですが、これからも皆様の気持ちをつなぐお店になりたいと思います。父の気持ちを大事に、二人、力を合わせて頑張ります。

紙英三郎（かみ・えいさぶろう）
1978年埼玉県生まれ。大学在学中、内戦に見舞われていたモザンビークに渡り、復興支援のボランティアに参加。国内外での農業研修を経て、固定種を扱う種苗店に勤務。2004年に仲間5人と「たねの森」を旗揚げする。

紙愛（かみ・あい）
1978年兵庫県生まれ。英三郎さんと同様、大学在学中にモザンビークの復興支援に関わる。卒業後は東京の自然食品店での勤務を経て、オーストラリアへ。農業をベースにした持続可能な暮らし「パーマカルチャー」を学ぶ。帰国後、英三郎さんらとともに「たねの森」を立ち上げる。

たねの森
所在地／埼玉県日高市清流117
代表／紙英三郎
スタッフ／3名
創業／2004年
連絡先／TEL & FAX　042-982-5023　FAX　020-4669-0427
URL　http://www.tanenomori.org/
E-mail　info@tanenomori.org

〈近況〉

2011年の震災・原発事故後、東北支援および地域の中で食やエネルギーの自給を目指す『日高くるくるねっと』を日高市内外の有志と共に発足。一人ひとりの自給率を高める「畑の学校プロジェクト」、米、麦、大豆、菜種、えごまなどを育てて加工する「農業プロジェクト」、荒れた山林の間伐などを進める「里山再生プロジェクト」などを行っています。

また、2012年から近隣の子育て世代有志で『清流青空保育の会 ぽのぽの』を発足。現在、10数家族で、週4回自然の中で自主保育の活動を行っています。

2010年からたねの交換会を呼びかけて、全国各地のお客さんに開催していただいています。地元日高でも8年目を迎え、2015年6月の交換会の参加者有志で「たねのわ」を発足。地域の中でのたねの自給率の向上をめざし、種に関する勉強会や、採種の技術講習会、関連する映画の上映会などを企画しています。

様々な活動を通して大事にしたいもの、それは「つながり」です。

大木満和（おおき・みちかず）

1947年京都府生まれ。高校卒業後、衣料問屋に勤務。28歳のときに独立し、ジーンズショップを開業する。そのかたわら、地域づくりの活動にも精力的に参加し、97年、仲間とともに「常吉村営百貨店」を旗揚げする。2012年に病気の治療に専念するため、同百貨店は閉店。13年逝去。なお、店は12年11月から「つねよし百貨店」として再スタートした。

つねよし百貨店

所在地／京都府京丹後市大宮町上常吉123-2
代表／東田真希
営業時間／10時〜18時（火曜日定休）
連絡先／TEL & FAX　0772-68-1819
URL　http://e-mura.jp/tsuneyoshi/
E-mail　pure@tsuneyoshi.e-mura.jp

藤岡亜美（ふじおか・あみ）
1979年東京都生まれ。大学在学中から環境NPO「ナマケモノ倶楽部」の理事を務め、2003年に「スローウォーターカフェ有限会社」を設立。カカオ生産国でのチョコレートづくりの事業は全国紙一面トップに掲載されるなど、日本のフェアトレード運動を牽引する。共著に『日本のフェアトレード』（明石書店）、『9をまく』（大月書店）など。

スローウォーターカフェ有限会社
所在地／本社：東京都江東区亀戸1-18-14-401、宮崎オフィス：宮崎県串間市大字市木726
代表／藤岡亜美
スタッフ／2名
創業／2003年
営業時間／月～金曜日：10時～17時
連絡先／TEL & FAX　0987-77-0747、03-3683-6822
URL　http://www.slowwatercafe.com/
E-mail　info@slowwatercafe.com

〈近況〉

仕事のためエクアドルに家族で滞在していた際に、コーヒーやカカオ生産者の森林農法的な生き方に興味を持ちました。チョコレートを中心にフェアトレード商品の企画輸入販売を続けながら、宮崎県南部、森と海のあいだ串間市に、暮らしの拠点を構えました。

与那国馬やニホンミツバチの居る農園をつくり、自身の4人の子どもや地域の仲間たちと『森と海のあいだのアカデミー』という自然学校を運営。サーフィン教室や無人島キャンプなどで山村留学も受け入れています。

「フェアトレード」を超えて、顔のみえる関係を食卓に取り入れる、友産友消ムーヴメントを2016年より開始。日本国内で有機農業に取り組む友人や、世界のカカオ生産地の仲間たちと、田舎や南の国々にヒントを得た、新しい時代の価値観をつくります。

南の国々の挑戦を応援しながら、手作りや、自然とつながる歓びなど、本当の豊かさについて学び、真似できるところが、フェアトレードの醍醐味だと思います。

上田昌文（うえだ・あきふみ）

大阪府生まれ。大学では生物学を専攻。在学中から反核・反原発の市民運動などに携わる。92年、市民による研究・学習グループ「科学と社会を考える土曜講座」を発足、2000年に「市民科学研究室」と改称し、代表として活動を続けている。講演や大学での特別講義なども数多く手がける。著書に『わが子からはじまる　原子力と原発きほんのき』（クレヨンハウス）など。

NPO法人　市民科学研究室

所在地／東京都文京区千駄木3-1-1　団子坂マンション公園側棟
代表／上田昌文
設立／1992年（2004年にNPO法人に）
スタッフ／専従2名、理事や研究会世話人は10名
連絡先／TEL　03-5834-8328　FAX　03-5834-8329
URL　http://www.csij.org/
E-mail　renraku@shiminkagaku.org

〈近況〉

東日本大震災後、放射線健康リスクや放射線教育に関する講演・取材・調査などの依頼が激増しました。2013年末から子ども支援の国際NGO「セーブ・ザ・チルドレン・ジャパン」と共同で、福島県各地の中学校などで続けてきた「放射能リテラシーワークショップ」も20回近くになっています。「市民と防災」研究会を立ち上げ、地元の事情に応じた地域防災の形を探っています。

「生活習慣病対策ゲーム」を企業や保健関係者にも使ってもらうべく普及に努めています。隔月刊の機関誌『市民研通信』はスタイルを一新し、フルカラーでどなたにでも無償で記事論文を提供しています。大学や企業や他のNPOとの共同や共催、地域の人々の取り組みへの参画や支援が、徐々に増えてきています。

渡辺美恵子（わたなべ・みえこ）
1943 年ソウル生まれ。戦後に引き揚げる。東京都立高等保母学院卒業後、東京・杉並区と中野区の児童館職員として 37 年勤務、館長も務める。定年を 2 年残して退職。2002 年、仲間たちと「ふれあいの家―おばちゃんち」を立ち上げる。14 年逝去。

NPO 法人 ふれあいの家―おばちゃんち
所在地／東京都品川区北品川 2-28-19　品川宿交流館 3 階
代表理事／幾島博子
スタッフ／60～70 名
設立／2002 年 9 月
連絡先／TEL & FAX　03-3471-8610
URL　http://obachanchi.org/
E-mail　fureai@obachanchi.org

田中直（たなか・なお）

1951年東京都生まれ。大学卒業後、石油会社に勤務するかたわら、87年4月、APEXを設立。99年に独立し、専従となる。理学博士。著書に『適正技術と代替社会――インドネシアでの実践から』（岩波新書）など。

NPO法人APEX

所在地／東京都台東区根岸1-5-12　井上ビル2F
代表理事／田中直
スタッフ／日本人6名、インドネシア人7名
設立／1987年
連絡先／TEL　03-3875-9286　FAX　03-3875-9306
URL　http://www.apex-ngo.org/
E-mail　tokyo-office@apex-ngo.org

〈近況〉

コミュニティ排水処理事業では、2013～14年度にかけて、環境賞（日立環境財団、日刊工業新聞社共催）など3つの賞を受賞しました。それに先立つ2012年度からは、適正技術を実践的に担おうとする方々に力をつけていただくため、「適正技術人材育成研修」を始めました。同年に『適正技術と代替社会―インドネシアでの実践から』（岩波新書）を上梓し、2014年末にはこの本のインドネシア語を出版して以降、インドネシアの大学などで講演をさせてもらっています。バイオマスのガス化事業も進展があります。適正技術が社会の大きな流れとなっていくよう、適正技術フォーラム（または学会）を設立する活動にも取り組んでいます。

藤田孝典（ふじた・たかのり）

1982年埼玉県生まれ。ルーテル学院大大学院博士前期課程修了。学生時代の2002年から東京・新宿などでホームレス支援活動に参加、その後、地元・埼玉でボランティア活動を独自に始める。06年にNPO法人「ほっとポット」を設立。11年に「ほっとポット」を退職し、新たにNPO法人「ほっとプラス」を旗揚げする。聖学院大学客員准教授、「反貧困ネットワーク埼玉」の代表などを務めている。著書に『下流老人』『続 下流老人』（ともに朝日新書）、『貧困世代』（講談社現代新書）、『貧困クライシス』（毎日新聞出版）、『ひとりも殺させない』（堀之内出版）、共著に『知りたい！　ソーシャルワーカーの仕事』（岩波書店）など。

NPO法人 ほっとプラス

所在地／埼玉県さいたま市見沼区風渡野359-3　タウンコート七里1F
代表理事／藤田孝典
スタッフ／10名
設立／2011年
相談日時／月～金曜日10時～17時（土・日・祝日は休み）
連絡先／TEL　048-687-0920　FAX　048-792-0159
URL　http://www.hotplus.or.jp/
E-mail　hotplus@citrus.ocn.ne.jp

〈近況〉

各地で講演したり、メディアで発信するなど、貧困問題を社会に訴えかける機会が増えています。『下流老人』、『続 下流老人』、『貧困世代』、『貧困クライシス』と4冊の本も書きました。前2者は老後の貧困、『貧困世代』は若者の貧困、そして『貧困クライシス』は女性や中年も含めて全世代の貧困に迫ったものです。貧困は決して個人的な問題ではなく、社会政策として対応するべきだというメッセージに大きな反響をいただきました。国の政策にも少しずつ反映されてきて、手応えを感じています。

後輩の育成にも力を入れています。大学の講師の他、福祉社会などをテーマにした私塾を作り、大学生にソーシャルワークを教えています。卒業生の中から、貧困問題に取り組む研究者や弁護士になる人、労働組合を立ち上げる人が出てきて、そこに希望を感じます。10年、20年先を見据えながら、地道にやっていくつもりです。

おわりに

この本の最後に、私自身のことを書いておく。ライターという生業とどのように出会ったか、どんな思いで仕事をしてきたか（しているか）を記したい。

＊　＊　＊

物書きという仕事には、高校生の頃から興味を持っていた。友人の勧めで、政治や社会問題を伝え、論じていた週刊誌『朝日ジャーナル』を読み始め、テレビの報道番組を熱心に見ていた。時代は八〇年代初頭。物事を真面目に考える人を「ネクラ」（根が暗い）と揶揄する風潮があった。だが、私はそこに馴染めなかった。

そんな社会への関心と違和感が、ジャーナリストという職業に憧れを抱かせたのかもしれない。世の中で何が起こっているのか、ほんとうのことを知りたい、伝えたいと思った。

新聞記者になるには大学の社会学部でメディア論などを学んでおくべきと考えたが、成績が追いつかず断念、教員養成学部に入学する。先輩や友人に触発され、次第に関心は教育の世界に向かう。さらに、大学院（修士課程）で学ぶうち、社会教育の仕事に携わりたくなり、公務員をめざした。だが、一次試験は合格したものの、二次が通らない。郷里の愛知に帰り、一年浪人。アルバイトをしながら勉強し、再度受験したが、結果は同じだった。

　面接での受け答えが拙かったからだろうか。自分の主張を強く言い過ぎたかもしれない。理由を考えるたびに落ち込んだ。同級生はすでに仕事に就いている。親にも申し訳が立たない。進路を変えて、就職しなければと焦った。

　そんなある日、テレビ番組で生き生きとしゃべっている女性を見た。国際協力NGO「ピースボート」の主宰者（当時）、辻元清美さんだった。自分とさして歳の変わらない彼女が、政治家や評論家と堂々渡り合っている。対案・創造型の市民運動として、フットワーク軽く、船で世界各地に出かけているという。彼女に会って話を聞きたい、異国の地をこの目で見てみたいと思った。一九八九年の年末、東南アジアをまわるピースボートのツアーに参加した。

　同世代のさまざまな人と出会った。報道カメラマン志望の男性、学校を休学して参加した高校生、語学のセンスを生かし現地で通訳をこなす女性。辻元さんにも励まされた。

「失うものは何もない。だから、守りに入ってはいけない」

　二週間ほどの短い旅で教わったことだった。

＊　＊　＊

　帰国後、図書館でたまたま開いた、ある雑誌の片隅に「社員（編集者）募集」の告知を見つけた。月刊誌『思想の科学』。特集テーマはスポーツ、漫画から昭和史、アジア論、民間学やネットワーキングまでと幅広い。哲学者の鶴見俊輔さんを中心に敗戦直後に旗揚げされた雑誌で、市井の人が暮らしの中から紡ぐ思想を掲げていた。好きな雑誌のひとつだった。

編集者も面白そうな仕事だと思った。しかし、出版社への就職は、それまで眼中には全くなかった。上京して働こうと考えたこともない。少し迷ったが、「ダメでもともと」と応募したところ、運良く採用してもらえた。

社長を含めて三~五人の小さな出版社。仕事は編集業務だけではない。書店に出かけての営業、注文品の出荷作業、返品されてくる本の整理などもこなした。忙しかったが、制作した本を一冊一冊、見届けられる良さがあった。

書き手である評論家や研究者、ライターに、古今東西のさまざまな人や思想や出来事から、取材や執筆、編集の気構えまで教わった。そこは、「もうひとつの学校」のようだった。物書きになりたい気持ちが再び募った。とはいえ、第一線で活躍する書き手にかなうわけがない。知見に乏しく、編集や企画力に欠けることを何度も思い知らされた。

結局、四年足らずで会社を辞める。出版業界から離れようと思った。

「ミニコミを作るので、手伝ってほしい」と友人から声をかけられたのは、退職して二ヵ月ほど経ったころだった。「少しでも役に立てるのなら」と気軽に引き受けた。

ミニコミとはいえ、二〇ページほどの雑誌にしたいという。コンセプトを固め、企画を練り、取材執筆し、書き手に原稿を依頼する。集まってきた原稿を整理し、時には相手に書き直しも求める。パソコンもインターネットも、まだ普及していなかった。ワープロで印字したものを切り貼りして誌面とし、簡易印刷機で刷り出したものを、折って綴じた。

気がついたら、手づくりのその雑誌に夢中になっていた。文章を書き、本を作ることが好きなのだ。やっぱり、これを仕事にしよう。そう思い直した。

＊　＊　＊

出版社に再就職しようとは考えなかった。編集よりも、ライターとしてノンフィクションを書きたかった。フリーで食べていける自信があったわけではない。いざとなればアルバイトをすればいいいと思った。

友人や知人、先輩が仕事をよく紹介してくれた。依頼があれば、何でも引き受けた。取材も執筆も経験は少なかったが、見よう見まねで技術を身につけていった。

本屋でのアルバイトも始めた。当初は書店業への漠然とした憧れと、生活費を補うためもあったが、自分に必要な体験だと感じていく。

本は、読者あってのものである。だが、どんな人が本を手に取るのか、ライターの仕事からは見えてこない。客と直接向き合うことで、現実感覚を養えると思った。

独立して以来、「関心があるテーマのひとつは教育」と何気なく言っていたからだろう。乳幼児の健康雑誌や、小学生対象の書籍、教員志望の学生向けの雑誌などに書く機会が増えていった。

いじめや学級崩壊で「教師バッシング」が吹き荒れた頃には、先輩ライターたちといっしょに『教師』（森口秀志編、晶文社、一九九九年）というインタビュー集を作った。官民から教育改革が叫ばれるわりに、現場の教師の意見が軽んじられている。彼らの声を社会に伝えるべき、と考えたからだ。授業や学級経営など日々の仕事から、学校や社会のありようについてまで本音を語ってもらうことで、現場で悩んでいる教師への応援歌にもなるのではないか。何より真っ先に浮かんだのは、教師になっている大学時代の友人たちだった。少しでも彼らの役に立てばと思った。

全国八七人の教師の声を集めたこの本は好評で、増刷を重ねた。大学時代、教員養成学部で学ばせてもらった恩返しにもなった。ライター冥利に尽きると感じた。

＊　＊　＊

独立して七年目、突如、スランプに襲われた。仕事への意欲が全く湧かない。締め切りを前にしても焦るばかりで手につかず、自己嫌悪を繰り返す。興味や好奇心が芽生えてこない。そんな状態が数ヵ月続いた。

そのころ、さまざまなボランティアに話を聞くインタビュー集の企画が舞い込んでいた。私が取材を希望した人の中に、四国八十八ヶ所をめぐるお遍路さんにお接待を続けている五〇代半ばの男性がいた。農業を営む彼は、自宅の納屋を改装し、無償で宿を提供しているという。

悶々とした思いを抱えながら、四国・高知へ出かけた。訪ねたのは、ちょうどお昼時だった。彼は笑みを浮かべ、迎え入れてくれた。

「粗末な食事やけど、よかったら食べてって。お遍路さんが来ると、こうやっていっしょにごはんも食べるんよ。ここへ来たら、もう、みんな、家族とおんなじやきね」

気持ちが和らいだ。話を聞いているうち、いつしか自身の悩みを打ち明けていた。日が暮れるまで、彼は付き合ってくれた。「大丈夫。自分をうんと大事にすればいいんよ」。そんな一言一言が胸に染みた。

取材中に私事を話し込むなど、インタビュアーとしては失格だったかもしれない。だが、それがきっかけとなり、その後、立ち直ることができた。

振り返ると、取材で出会った人に励まされたことは数え切れない。話を聞くたびに、人は、社会は、それほど捨てたものではない。そう思えた。

＊　＊　＊

ライターとは、一種の「表現者」といっていいだろう。だが、それ以上に、私は自身を「記録者」あるいは「伝達者」だと思っている。

会いたい人に会って、話を聞く。相手の魅力をさらに感じる。自分以外の人にも知ってほしいと書き伝える。

それが、私の仕事であり、役割だと考えてきた。願わくは自分の書いた文が、人の役に立てばと思ってきた。読者とともに、取材をさせてもらった人たちへの、ささやかながらエールになれば、と。

思想家で武道家の内田樹さんの著書に、『街場のメディア論』（光文社新書、二〇一〇年）がある。低迷するテレビや新聞、出版に一石を投じたものだ。内田さんは、その中で「メディアとは『ありがとう』という言葉」だと述べている。

「本を書くというのは本質的には『贈与』だと僕が思っているからです。読者に対する贈り物である、と。そして、あらゆる贈り物がそうであるように、それを受け取って『ありがとう』と言う人が出てくるまで、それにどれだけの価値があるかは誰にもわからない」――。

「ありがとう」と言われる文を書いていきたいと思った。

そして、その気持ちは3・11後、さらに強くなった。

震災の日、東京にいた私は大きな被害は受けなかった。だが、震度五強の揺れに、続く余震に、そして、原発事故と放射能汚染におびえていた。被災地の光景や、被災者の声に胸が痛んだ。
「自分は今まで、いったい何をやってきたのか……」。そんな罪悪感や無力感、焦燥感もあった。福島第一原発で作られた電力は、福島の人たちが使っていたわけではない。東京で暮らしている自分が享受してきた。恥ずかしながら、震災前までそんなことも知らなかったのだから。

居ても立ってもいられず、「原発のない社会」を求めるアクションに参加した。福島の子どもたちを放射能汚染から守るための活動など、わずかばかりのお手伝いもした。

こうした市民運動・市民活動とともに、仕事を通しても、もっと社会の役に立ちたい。本書が、少しでもその役割を果たせるのなら、これほどうれしいことはない。

＊　＊　＊

本書を作るうえで大いに励まされた存在が、ロックバンド「ＨＥＡＴＷＡＶＥ」（ヒートウェイヴ）の山口洋さんである。

取材を始めた時から、このバンドの曲が常にそばにあった。

恐れることなく、一歩踏み出せ。汗をかき、自分で道を切り拓け。いくつになっても志を忘れるな――。曲には、そんなメッセージが込められていた。

阪神・淡路大震災の経験から生まれた曲「満月の夕」（山口さんと、「ソウル・フラワー・ユニオン」の中川敬さんとの共作）では、人は何度でもやり直しができると歌った。

何よりスランプに陥っていたときに出会ったのが、山口さんの曲と歌だった。中でも、「NO REGRETS」という曲に救われた。ダメなままの自分でいい、もう一度やり直せばいいと言われ、気持ちが楽になった。再び歩き出す力をもらった（「NO REGRETS」は、中川敬さんらと二〇〇一年に結成したユニット「Japonesian Balls Foundation」（ヤポネシアン・ボールズ・ファウンデーション）で発表した曲）。

仕事に懸ける姿勢にも刺激をもらった。例えば、彼らは二〇〇七年に「レコード会社の資本によるのではなく、独立した形で音源を制作したい」と、賛同者から資金を募ってアルバムをリリースした。日本全国一七一一人から合わせて五一〇万円が寄せられ、アルバム『land of music』は出来上がった。「独立」というあり方を、そこから教わった。

そして、山口さんの社会に臨む姿勢にも打たれた。

東日本大震災後、彼は「ミュージシャンである前に、ひとりの人間でありたい」と、地震と津波、そして原発事故による放射能汚染に襲われた福島県相馬市と南相馬市の支援に奔走する。「MY LIFE IS MY MESSAGE」というプロジェクトに関わり、地元の人たちとともに活動を続けてきた。

「お年寄りを元気にしたい」と聞けば、仮設住宅での生活を余儀なくされている人たちにラジカセを数多く寄贈した。子どもたちのために地元・福島のＪリーグ（Ｊ３）クラブ、福島ユナイテッドＦＣの選手を招いてサッカー教室を行ったり、養護学校の子どもたちとアイルランドのミュージシャンらとの交流会を企画した。それらは、ライブなどの際に寄せられたカンパで賄われた。

震災の翌年、北海道から沖縄まで全国三四ヵ所を一人でまわるライブツアーでは、演奏とともに、自身が相馬で直接に見聞きしたことを語り伝えた。

音楽を通した支援。それは、今も続けられている（二〇一六年九月からは、熊本地震の被災者支援として月一回、エフエム熊本でラジオ番組も開始。音楽を通じて、熊本と福島、全国をつなげたいという）。

山口さんはブログ「Rock'n Roll Diary」で、自身の行動や考えを綴っている。

ミュージシャンという自身の仕事、そして、私たちの仕事について述べているくだりは、本書で伝えたかったこととも重なる。

「自分の行動が社会にどうファンクションしているのか、そこにフォーカスしているかどうかが、僕にとっては大切なのだ。（略）みなさんの仕事に置き換えるなら、自分の仕事（家事も含む）が社会にどうファンクションしているのか、役に立っているのか。それを実感として感じられることを大切にして欲しい。あるいは、それをイマジンし続けて欲しい。目先の金より、その実感を増やしていくことが、社会を良くするし、それが僕はアーティストの使命だと思っている」（二〇一六年二月五日）。

「ひとりから始める」というこの本のタイトルは、山口さんの行動や言葉から感じ、受け取ったものでもある。

この場を借りて、御礼を申し上げたい。

＊　＊　＊

本書が出来上がるまで、多くの方にお力をいただいた。

最初に、本書で取り上げさせていただいた三一人の方々に御礼を申し上げたい。雑誌連載時の取材からずいぶん歳月が経ってしまったにもかかわらず、記事の掲載を快く了解してくださった。

本書の刊行前に、残念ながらお亡くなりになった森谷良三さん、田中惣一さん、大木満和さん、渡辺美恵子さんには本書をお見せできなかったことを深くお詫びしたい。そして、ご遺族と関係者の皆様には記事掲載をご了解いただき、感謝申し上げたい。

雑誌『企業診断』での連載開始以来、同友館編集部の皆さんにはお世話になった。連載の場を作ってくださった、当時の編集長・宮崎洋一さん、その後を継いで担当された佐藤力さん、楢崎環さん。本書の企画・編集を担当された楢崎さん、馬渕裕介さん、武苅夏美さんは、原稿をなかなか仕上げられない私を辛抱強く待ち、何度も励ましてくださった。とりわけ、本としてまとめる最終盤に担当された武苅さんには感謝したい。また、本書の装丁を手がけてくださったデザイナーの阿部つよしさん、雑誌取材時に写真を撮影してくださったカメラマンの山崎友利さんにもお世話になった。

そして、この本を手に取り、読んでくださったみなさまに、心から感謝申し上げたい。ありがとうございました。

〔著者略歴〕

川口　和正（かわぐち　かずまさ）

1964年愛知県生まれ。静岡大学教育学部大学院修士課程修了後、出版社・思想の科学社勤務を経て、ライターに。子ども、人と仕事、市民活動、戦後史などをテーマに取材執筆。著書に『道遠くとも　弁護士相磯まつ江』（コモンズ）、共著に『ひきこもり支援ガイド』『これがボランティアだ！』『教師』（いずれも晶文社）など。

装丁……阿部つよし
写真……山崎友利（250～254、256、258、261～266、268～273、275ページ）

2017年4月17日　第1刷発行

ひとりから始める「市民起業家」という生き方

著　者　川口　和正
発行者　脇坂　康弘

発行所　株式会社　同友館
東京都文京区本郷3-38-1
郵便番号　113-0033
電話　03(3813)3966
FAX　03(3818)2774
http://www.doyukan.co.jp/

落丁・乱丁本はお取替え致します。
美研プリンティング／松村製本所
ISBN 978-4-496-04788-6
Printed in Japan